把握
孩子成长期

吴景岚 编著

天津出版传媒集团

天津科学技术出版社

图书在版编目（CIP）数据

把握孩子成长期 / 吴景岚编著 . -- 天津 : 天津科学技术出版社 , 2021.7

ISBN 978-7-5576-9512-5

Ⅰ . ①把… Ⅱ . ①吴… Ⅲ . ①儿童教育 - 家庭教育 Ⅳ . ① G782

中国版本图书馆 CIP 数据核字（2021）第 129860 号

把握孩子成长期
BAWO HAIZI CHENGZHANGQI

策划编辑：杨　譞

责任编辑：杨　譞

责任印制：兰　毅

出　　版：天津出版传媒集团
　　　　　天津科学技术出版社

地　　址：天津市西康路 35 号

邮　　编：300051

电　　话：（022）23332490

网　　址：www.tjkjcbs.com.cn

发　　行：新华书店经销

印　　刷：北京市松源印刷有限公司

开本 880×1 230　1/32　印张 7　字数 160 000

2021 年 7 月第 1 版第 1 次印刷

定价：36.00 元

前言

美国著名作家珍妮·艾里姆曾说："孩子的身上存在缺点并不可怕，可怕的是作为孩子人生领路人的父母缺乏正确的家教观念和教子方法。"

成长期，在年龄上大致定义为：0 至 18 岁。这个时期正是孩子塑造品格、培养习惯、快乐沟通、锻炼社交能力、管理情绪、提升学习能力的关键时期。

这个时期的孩子面临着上学，成长环境发生改变等问题。作为父母，你可能不理解孩子为什么不听管教，不知道孩子为什么问题多多，甚至面对孩子的某些不良习惯，不是训斥、贬低，就是惩罚、打骂。殊不知，这些行为都会在无意中伤害孩子。

教养孩子，不只是保证孩子吃饱、穿暖就行了，还要走进孩子的内心世界，要理解孩子，懂孩子，陪伴他一路健康成长。

有许多父母会抱怨，现在的孩子难教育，他们的行为总是让父母难以揣测，他们有时是一副天不怕地不怕的样子，有时候特别懦弱，有时候骄横霸道、任性无理，有时候又变得乖巧懂事、讲礼貌。因为宠爱孩子，所以父母会把孩子的这种善变的行为理解为他们未经世事，导致孩子的情绪表达会更加直接、更加强烈。但是，大多数时候，他们的这些行为并非表示他们予取予求。实际上，这些行为的背后都隐藏着他们复杂的心理因素。

　　在孩子的成长过程中，每一个阶段都会出现不同的问题，而每一个问题都与孩子的心理、成长的特点有关。如果你能学会站在孩子的心理成长的角度看问题，关注孩子的内心世界，理解孩子行为背后的真正原因，那么你的"教育"于孩子而言才会是一件幸事。

　　当你发现乖巧的孩子变得行为举止怪异，不知所措时；当孩子和你处处对着干，你却无计可施时；当你发现孩子有喜欢的人了，不知道如何应对孩子的早恋时……那么，你就应该看一看这本书。

　　本书综合了儿童行为和心理方面的研究成果，参考了心理学家的教育理论，并在提供大量事实的基础上，将处于成长期的孩子的"问题"一一列举出来，进行了专业的分析与解读，并提供了行之有效的方案。只有走进孩子的世界，你才能在应对孩子出现的所谓"问题"时游刃有余，才能教育好你的孩子。本书让你在事事了然于心的情况下，舒心地陪伴孩子的每一天成长。

目录

C O N T E N T S

第一篇
成长期的孩子你要懂

第二篇
成长期孩子能力的培养

第三篇
父母也有"成长的烦恼"

第一篇

成长期的孩子
你要懂

第一章
孩子心理藏着小秘密

○ 孩子怕黑，这是心理问题吗

怕黑是孩子普遍存在的问题，轻度的怕黑是正常的，但是如果孩子过分怕黑，甚至惧怕黑夜，这将会影响孩子性格的正常发展。孩子怕黑并不是天生的，基本发生在3岁以后，是在孩子渐渐懂事以后才出现的。许多父母对于孩子怕黑的问题总是不太重视，认为孩子还小，怕黑是正常的，等到孩子过分怕黑的时候却不知道该如何做。父母没有及时查出孩子怕黑的原因，也没有对孩子进行正确的引导，从而让孩子产生心理上的疾病。

孩子对黑暗产生的恐惧心理很大程度上来源于条件反射，如果孩子曾经在黑暗中受到过惊吓，或者看过或想象过某些存在于黑暗中的恐怖事物，他就很有可能将黑暗与这些恐怖形象联系在一起，形成条件刺激。当孩子再次进入黑暗的环境时，孩子就会形成条件反射，产生恐惧心理。

然而，许多父母或者监护人在照看孩子的时候，不愿意让孩子在晚上外出，甚至会编造一些关于黑夜鬼怪的形象来吓唬孩子，从而阻止孩子外出。久而久之，就会导致孩子对黑夜产生恐惧心理。

帮助孩子减轻对黑暗的恐惧感

很多孩子之所以害怕黑暗是因为他们对自己想象的事物和现实难以区分，所以父母可以帮助孩子区分现实与虚幻，让孩子逐渐不再害怕黑暗。

父母可以和孩子一起看电视，对其中的恐怖镜头加以解释，及时引导，并告诉孩子现在住的地方很安全，从而减轻孩子的焦虑。

父母一定要做个不怕黑的勇敢者，孩子很容易模仿父母，看多了父母的勇敢举动之后，孩子自然就不怕了。

如果孩子怕黑的情况非常严重，父母一定要及早请教医生，查清楚是不是夜盲症在作怪。

对于孩子怕黑的情况，父母千万不要只是认为孩子胆小，而应该查清楚原因，帮助孩子克服怕黑的问题。

孩子由于年龄比较小，他们只能想到自己看到过的事物，但是怕黑的孩子已经知道看不见的东西也是有可能存在的，只不过是因为黑暗遮住了这些事物所以没有办法看到罢了，这说明这些怕黑的孩子对事物有了更为深刻的认识，只不过因为孩子受到年龄的限制，心理发育还不成熟，所以他们不会明白，原本不存在的东西，并不会在黑暗中滋生出来。因而孩子很有可能会想象有怪兽或者凶恶的大狗藏在黑暗的地方，孩子喜欢的玩具也有可能在夜晚变成怪物……这就使孩子不敢在黑夜外出，害怕任何黑暗的地方。孩子的恐惧心理在很大程度上来源于他们丰富的想象力和暂时无法区分现实与虚幻的分辨力，等到五六岁之后，孩子才能清楚地认识到什么是真实的，什么是虚幻的。

　　还有一种原因是孩子单纯的模仿。不可否认，现在有许多年轻的父母自己本身就很怕黑，尤其是妈妈在带着孩子走夜路的时候会十分紧张和焦虑，这种不安的情绪很容易传染给孩子，从而加剧孩子怕黑的心理。由于孩子的学习能力特别强，很容易模仿父母的行为，所以有可能也会变得胆小怕黑。

　　如果孩子怕黑的程度十分严重，这就并不只是心理的问题了，很可能是孩子患有夜盲症。英国格拉斯哥眼科专家戈登·达顿在《英国医学杂志》上描述了他所遇到的患有先天性夜盲症的孩子，这些孩子虽然在光线充足的环境下能看见东西，但是在黑暗中几乎什么也看不见。他发现，这些孩子无一例外地对黑暗感到极度的恐惧。夜盲症是由于缺乏维生素A而引起的一种眼疾，患者在黑暗环境下或者夜晚视力很差，甚至完全看不见东西。如果孩子真的极度怕黑，父母不要只是责怪孩子胆小，如果孩子怕黑的情况很严重的话，父母要及时带孩子去看医生，诊断孩子是否患有夜盲症。

· ·

　　豆豆的妈妈发现 3 岁的豆豆突然变得很怕黑，晚上不敢单独睡觉，上厕所也要妈妈跟着才敢去，要不然就算是尿裤子了也绝不去厕所。就算爸爸妈妈都在身边，如果有一个房间没有开灯，他也是坚决不进去的，更别说晚上让他自己在一个房间里了，总是大人走到哪里他就跟到哪里。吃完晚饭，妈妈去刷碗，豆豆也跟着去厨房；妈妈去洗衣服，他就站在洗衣间门口看着，就是不肯自己在客厅看电视。妈妈说房间都是相通的，妈妈完全可以听得到豆豆说话，也可以看到豆豆，可是豆豆还是不敢自己在客厅。

　　天一黑，豆豆就会变得特别慌乱和害怕，妈妈问他害怕什么，他只是摇头，被问急了就会哭起来。睡觉的时候他还不允许妈妈关灯，一定要开着灯睡觉。有时等豆豆睡着了，妈妈就把灯关上，可是有时豆豆会半夜醒来，他发现没有开灯，就会吓得大哭。

　　有一次，家里的保险丝断了，整个房间一片黑暗，这下豆豆可吓坏了，哇哇大哭起来，无论妈妈怎么安抚都没有用，等爸爸把保险丝接上，房间重新亮起来后，豆豆才慢慢停止了哭泣。

爸爸妈妈一直以为豆豆这么怕黑是因为他的胆子太小了，觉得随着年龄的增长，怕黑的情况会慢慢地好起来，可是豆豆的这种情况并没有随着时间的推移而有所好转，反而更加严重，豆豆的爸爸妈妈也开始担心孩子是不是有什么问题。

许多父母都会像豆豆的爸爸妈妈一样困惑，不明白为什么孩子突然在某一个时间点变得怕黑了，许多父母认为孩子是胆小，等孩子年龄大了自然就会好。然而，有的孩子即使上小学了还是会怕黑，这就需要父母去了解孩子怕黑的原因，是生理上的？还是心理上的？如果是生理上的原因，父母就要带孩子去医院接受治疗；如果是心理上的原因，父母可以通过及时的引导，帮助孩子战胜恐惧。

首先，父母应该明确孩子产生恐惧心理的原因。比如，当孩子害怕黑暗的时候，父母不要只是安抚孩子，更不能批评或者嘲笑孩子，而是应该先弄明白孩子害怕的是什么，要认真和孩子沟通，从而了解孩子产生恐惧心理的缘由，之后才能对症下药。当孩子倾诉的时候，父母千万不要嘲笑孩子，要认同孩子的恐惧并及早加以疏导，避免孩子因为害怕被嘲笑而不再与父母沟通。

其次，父母可以利用条件反射将黑暗与美好的事物联系起来。比如，父母可以给孩子建立黑暗是很美好的印象，可以带孩子在夜空下散步、观察美丽的星空、给孩子讲月亮上的嫦娥和玉兔，或者在黑暗中和孩子做一些有趣的小游戏，让孩子明白，即

不同年龄段的孩子害怕的对象

外国心理研究人员调查发现，不同年龄段的孩子会对不同的事物产生恐惧心理。

1 6个月至2岁的孩子

害怕陌生人，怕与父母分离。

2 3~5岁的孩子

害怕黑暗、独处、狗以及想象中的怪物等。

3 6~12岁的孩子

害怕闪电、蛇、昆虫、医生等。

这是孩子在成长过程中出现的自然现象，父母不必过于担忧，但是一定要谨慎对待。

使在黑暗中也可以有很多乐趣，也可以保持愉快的心情。当然，在晚上给孩子讲故事的时候，父母尽量不要讲有关黑暗的恐怖故事，这样会加剧孩子的恐惧心理，而应尽量讲一些美好的故事，让孩子建立黑暗—美好的条件反射，这样孩子就不会再对黑暗感到害怕了。

○ 对于孩子的模仿行为，应区别对待

几乎所有的父母都会发现，孩子在某一个阶段十分喜欢模仿大人，无论是语言还是动作，抑或是性格。对此，父母们喜忧参半，因为孩子模仿父母良好的行为，这让父母非常欣慰，但是孩子对父母的失误行为和语言也模仿得很起劲，父母担心这样会对孩子的成长不利。

从心理学上来讲，模仿是每个人都具有的一种行为，或者说是一种本能。在我们的日常生活中，我们每一个人都正在模仿或者有过模仿的行为，即有意或者无意地效仿和再现与他人类似的行为。可以这样说，"模仿效应"在孩子的成长中非常重要，它是孩子最基本的学习手段，也是我们人类创造发明新事物的基础。

对于孩子的模仿行为，父母不必太过担忧，模仿是孩子的天性，也是孩子的学习方式。孩子的模仿行为大多是受到好奇心的驱使，而且整个模仿过程也是孩子学习的过程。好的习惯可以经由孩子的模仿而固定下来，坏的习惯如果父母不加以制止也可能会遗留下来，从而对孩子的成长产生不利的影响。因此，对于孩

子的模仿行为，父母们要重视，及时正确地引导。

孩子年幼时接触的事物非常有限，懂得的知识也很少。随着孩子年龄的增长，接触事物的范围不断扩大，视野变得更加开阔，在成长的过程中，孩子开始通过模仿现实生活中、电影、电视剧或者书中人物的行为来积累经验，并逐步将这种模仿转化为自己的行为。其实孩子在很小的时候就已经开始模仿了，比如孩子的牙牙学语，就是对成人交流说话的一种模仿，但是孩子由于年龄小，只能模仿一些简单的行为动作。而当孩子到了三四岁的时候，他们的模仿能力会有很大程度的提高，模仿得也更加惟妙惟肖，对模仿的兴趣更是有增无减。

· ·

文博最近非常喜欢模仿大人的动作，就算是大人打一个喷嚏，他也会有模有样地学一下。一家人坐在沙发上看电视的时候，看到爸爸抬头，文博也立刻抬起头；爸爸接了个电话，文博看到后立刻拿起茶几上的电视遥控器装作打电话的样子，还跟真的一样在说话；妈妈说钟表不准了，让爸爸看一下是不是哪里坏了，文博看到爸爸在修钟表，于是拿着螺丝刀找出玩具汽车认真地修了起来；爸爸修完之后伸了个懒腰，小家伙立刻放下螺丝刀，学着爸爸的样子也伸了个懒腰。这一系列的模仿把妈妈逗乐了，爸爸却不知道做什么好了。因为他无论做什么，文博都要学一学。

有时候，文博也会跟着妈妈学。有一次吃饭的时候，妈妈

为孩子营造良好的模仿环境

模仿是孩子学习的重要方式，为了让孩子养成良好的行为习惯，父母要注意为孩子营造良好的模仿环境。

1 父母要给孩子做好榜样

孩子最喜欢模仿的是父母，所以在孩子面前，父母一定要注意自己的言行。

2 让孩子少看电视

电视中的暴力等不良镜头对孩子的行为有非常不利的影响，所以父母要尽量避免孩子看不良的电视节目。

3 支持孩子模仿

对于一些好的行为，孩子在模仿的时候，父母可以尽量放慢动作，让孩子去模仿。

好的行为就让孩子多接触，不好的行为就尽量不让孩子接触。让孩子在一个良好的行为环境中成长，这样对于孩子的模仿会产生有利的推动作用。

喊他："文博，洗手吃饭了。"正在玩积木的文博听到后就说："文博，洗手吃饭了。"文博洗完手来到了饭桌前，妈妈说："坐下。"文博就说："坐下。"妈妈夹了一块肉放在文博的碗中说："多吃肉长得快。"文博也学着妈妈的样子夹一块肉放在妈妈的碗中说："多吃肉长得快。"妈妈笑着说："不要学我！"文博也笑着说："不要学我！"看到文博这样，妈妈只好不说话只吃饭了，文博也立刻吃饭，不再说话。

原本妈妈还觉得这样会让文博学会许多知识，并能提高语言表达能力。但是前不久，文博在看动画片时，里面有一些卡通人物在打架，一个小人伸手打了另一个小人的头。后来，文博在和小朋友玩时，学着电视上的样子伸手打了小朋友的头，那个小朋友立刻就哭了，文博则开心地不得了，还对小朋友说："这样打不疼，电视上都没哭，你干吗哭啊？"妈妈见状，赶紧上前道歉。

现在的电视节目，就算是动画片里也有许多的暴力镜头，文博又这么爱模仿，而妈妈又不能阻止孩子看电视，妈妈真担心文博会学坏呢。

模仿对孩子的成长发育以及认知能力都有很大的影响。因为这个时期的孩子判断能力比较弱，还不具备分辨好坏的能力，他们只是对一些自己感兴趣的行为和语言进行模仿，却并不知道自己模仿的行为是好的还是坏的。就像例子中的文博，他对于爸爸妈妈，还有电视中的行为都会去模仿，但是却无法分辨好坏，以至于打人的行为他也会去模仿，还觉得十分有趣。

所以身为父母，应该在孩子喜欢模仿的时期为孩子提供良好的"模仿环境"，并以身作则，做个好榜样，因为孩子最初模仿的和最喜欢模仿的就是父母的言行举止了。比如父母在心情烦躁的时候不要发脾气，更不要骂脏话，而是应该用深呼吸代替。这样，孩子就会模仿父母好的言行举止，使得孩子在遇到类似情形时，可以快速平静下来。

另外，现在的媒体发展迅速，电影电视已经是孩子每天都会接触的事物，而影视作品中偶尔会有些比较暴力或者比较负面的行为。所以，父母要尽量陪着孩子一起看电视，对于其中的暴力行为，父母应及时向孩子解释，并引导他们学习正确的行为，摒弃和排斥这些不良行为。比如在看到打架的场景时，父母可以对孩子说："你看这些被打的人多疼啊，这样是非常不好的行为，坏人才会这样做，我们要友善地对待身边的人，不能像这个人一样，要不大家都不喜欢你了。"而一旦发现孩子有不好的行为时，父母要及时纠正，不要想当然地认为孩子长大了自然就会懂了。某些行为的不可模仿性要靠父母在孩子小的时候一点一滴地纠正，才能在孩子的心里牢固建立，为孩子日后的健康成长打下良好的基础。

通过模仿，孩子不仅能够学会各种各样的技能，更好地了解这个世界，获得许多的认知经验，还可以在模仿的过程中获得

正确引导孩子的模仿行为

孩子的模仿行为对孩子心理发展的影响很大，父母一定要加以重视。

1 引导孩子辨别好坏

孩子的模仿并没有选择性，这就需要父母引导孩子辨别好坏，鼓励孩子模仿好的行为，及时制止不良的行为。

2 利用模仿增强孩子的技能

当孩子对成人如何使用物品进行模仿时，父母可以利用模仿让孩子学习掌握一些以前不会的新东西。

3 鼓励孩子独立思考

当模仿行为达到一定程度后，父母也要培养孩子的创造性思维，避免孩子一直模仿而丧失自我。

　　模仿是每个孩子都会经历的事情，对此父母不要认为孩子是在添乱，而要引导孩子正确模仿，让孩子顺利度过喜欢模仿的这一阶段。

许多不同的情绪感受。所以，模仿对于孩子的成长有着深远的意义，父母应该想办法让模仿发挥最好的效用。当然，即便是模仿这么重要，父母也不宜一味地鼓励孩子的模仿行为，而是要适时培养孩子独立自主的能力，鼓励孩子发表不同于他人的意见，进行独立活动，有自己的思考和想法，这样才能培养孩子的创造性思维。

○ 五岁了还带着玩具熊，怎么回事

许多父母应该都有这样的经历，就是孩子往往非常喜欢某个物品，甚至要随身携带，而且拒绝父母为他换一个新的。

其实，这是孩子对物品产生了依恋心理，是孩子在成长过程中的正常现象。这些物品只是孩子情感的慰藉物，只要孩子不是24小时将物品带在身边，依恋程度比较浅，没有影响到孩子正常的生活作息，父母就可以不用太过担心，等孩子稍微长大，情况一般会自行好转。如果孩子的依恋程度比较深，走到哪里都要将物品带着不离身，这种情况就比较严重了，可能会影响孩子的心理发育。对此，父母需要高度重视，孩子的这种极度依恋某种物品的行为可能与孩子缺乏安全感有关。

爸爸给小萱萱买了小熊玩具之后，萱萱就特别喜欢这只小熊，走到哪里都要带着它，并且和它说话，喂它吃饭，睡觉的时候也要抱着小熊才能入睡。更让妈妈不能理解的是，萱萱上厕所的时候也要带着小熊。有一次，妈妈觉得小熊太脏了，就跟萱萱说要洗小熊，萱萱坚决不同意，因为她不愿和小熊分开。妈妈只好趁萱萱睡觉的时候偷偷把小熊洗干净晾在阳台。第二天，萱萱醒来没找到小熊就哭闹起来，妈妈说小熊在阳台呢，萱萱就一直坐在阳台上等着小熊晾干了，再抱着它开始正常的活动。

妈妈之前想了很多办法，想让萱萱不再整天抱着小熊。有一次，妈妈把小熊藏了起来，骗萱萱小熊丢了，结果萱萱大哭不止，怎么哄都哄不乖，饭也不吃了，嗓子都哭哑了，妈妈没办法，只好又把小熊找了出来。就算是外出，萱萱也要抱着它，还不允许别人碰她的小熊。

更让妈妈发愁的是，萱萱开始上幼儿园了，她每天还要带着小熊一起上幼儿园，如果不让她带，萱萱就不肯走进幼儿园的门。妈妈告诉萱萱，别的小朋友都不会整天抱着小熊，她要放下小熊和小朋友们玩。但是老师说在班上萱萱也是一直抱着小熊，要是有别的小朋友趁她不注意抱一抱小熊，萱萱就会哭起来。妈妈对此真的是无可奈何，好好说她也不听，强行把小熊带走也不行，妈妈真的是不知道该怎么办好了。

由于孩子依恋的物品大多数是比较柔软和可接近的，孩子可能将它们当作自己父母的替代品，尤其是在父母不经常在孩子身边的情况下，孩子更有可能由于"情感饥渴"而过度依恋某种物品，想象这是爸爸妈妈在陪着自己。还有就是孩子的父母感情不

给父母的建议

面对孩子比较正常的恋物行为，父母可以逐步淡化其依恋的强度，开发孩子的其他兴趣，转移孩子的注意力。但是对于孩子的过度依恋，爸爸妈妈就要注意了。

 **多拥抱孩子**

父母平时多拥抱、亲吻孩子，多陪陪孩子，减少孩子独处的时间，帮孩子建立安全感。

2 **多带孩子出去**

带着孩子出去玩或者拜访亲友，让孩子多接触外界事物，降低孩子对外界事物的排斥和恐惧。

3 **分散注意力**

用其他玩具和物品分散孩子的注意力，一旦孩子依恋的对象变得不再唯一，孩子对物品的依恋程度就会降低。

另外，父母需要注意的是，在帮助孩子戒除过度恋物的习惯时，父母的态度一定要一致，否则，会让孩子心慌，其恋物的情况可能不会有所改善。

和、经常吵架，或者对孩子有一些较为暴力的行为，以及孩子和亲人离别等，这些刺激都有可能让孩子丧失安全感，从而把自己的情感转移到固定的物品上，而不愿意与人沟通。

有时父母会担心孩子的这种恋物行为会让孩子产生"恋物癖"。"恋物癖"是一种成瘾性心理疾病，属于冲动控制障碍的一种类型，与道德水平和意志力无关。

可以说"恋物癖"是一种人格心理障碍，而孩子的恋物，只是一定阶段心理上获得的一种满足。如果父母满足了孩子爱的需求，孩子内心感到安全，就不会出现恋物行为。由于男性产生"恋物癖"的概率比较高，父母应提早进行预防。男孩3岁后，父母应该和孩子分床睡。平时，妈妈不要在孩子面前换衣服。

有很多男孩会有恋母情结，3~5岁是幼儿恋母情结转化的时间。妈妈不要过于溺爱男孩，应帮助男孩把爱转移到父亲身上，认可并学习父亲的优良品质，这样男孩就会摆脱恋母情结，形成独立人格，也就避免了男孩青春期以后可能会产生"恋物癖"的问题。即使6岁前的男孩有恋物倾向，父母也不必过于担心，只要父母引导有方，也能帮其纠正过来。

○ 孩子很依赖妈妈，该怎么办

孩子都上幼儿园了，可是还经常缠着妈妈。妈妈走到哪里，孩子就跟到哪里，孩子一会儿看不到妈妈就会焦虑不安，甚至大哭。相信有许多父母，尤其是妈妈都会遇到这样的情况，这其实是孩子对父母的一种依赖心理。对于孩子的依赖行为，一方面，父母可能觉得孩子依赖自己，很欣慰；但是另一方面，孩子对父母的这种依赖又给生活带来很多的不便，有些父母担心，孩子这样黏人会不会有什么心理问题。

孩子依赖性强，特别黏人，典型表现为：生活上喜欢依赖他人，情绪上也喜欢依赖他人，尤其是依赖妈妈。孩子依赖心理的产生多半与其所处的环境有关，假如能给孩子一个独立的空间，父母尽可能地让孩子自己做事情，这样自然能消除孩子的依赖心理。久而久之，孩子在家就能慢慢脱离对父母的过分依赖，养成自己去做力所能及的事情的好习惯。

心理学上有一个"过度理由效应"。大多数人在生活中常会有这样的体验：当得到亲朋好友的帮助时，人们会认为这是理所应当的。这种效应在孩子身上体现为：在家里时，他会认为爸爸妈妈对他的照顾是理所应当的，所以他会表现得特别缠人；但是，当他到了幼儿园就会变得很独立。这是因为，孩子有足够的理由依赖父母，却无法像依赖父母那样依赖老师。

心理学专家将孩子的依赖心理分为安全依赖心理和不安全依赖心理两种。

安全依赖心理，指孩子对看护人建立了深厚的信任感，认为看护人是爱自己的，并会好好照顾自己，这种依赖有助于孩子的心理健康。

不安全的依赖心理，指孩子意识到他不能完全靠看护人来满足自己的需求，此时孩子更容易与成人或同龄人建立脆弱的人际关系。孩子会害怕进入他人的世界，他们更喜欢独处，而不愿意和他人接触。很显然，后一种的依赖心理对孩子的心理发展十分不利，这个时候就需要父母及时对孩子加以引导，尽量帮助孩子建立安全感。

针对孩子的依赖心理，父母要分清楚孩子的依赖心理是哪一种，关键看孩子是否愿意探索周围的环境，当孩子依赖的人回来时，孩子是否会非常高兴。如果孩子很开心，那就说明孩子和依赖对象建立的是一种比较正常而安全的依赖关系。这种安全的依赖关系的培养需要父母尽可能多地去照顾孩子，陪孩子做游戏。父母的一个眼神或者行为都会让孩子感受到爱，比如对孩子多一点儿微笑，多抱一下孩子，亲吻孩子，等等。当然，父母也不要将所有的精力和重心都放在孩子身上，要给孩子一些独处的时间。父母在离开孩子之前要和孩子说清楚，例如："妈妈先离开一下，马上就会回来。"和孩子说话的时候一定要轻声细语，不要给孩子带来负面的情绪影响，同时父母一定要守信，不要给孩子带来不信任和不安全的感觉。

欣桐3岁多了，却整天缠着妈妈，就连玩玩具也要妈妈陪着一起玩，一刻也不能离开妈妈。

欣桐早晨起床之后，什么事情都要依赖妈妈来做，无论是穿衣服、穿鞋，还是洗脸刷牙，全都是妈妈的事情。要喝水了，妈妈把杯子放在桌子上，欣桐伸手够不到杯子，她情愿不喝也不会移过去拿，非要妈妈把杯子放在她的手里才会喝水。吃饭的时候，欣桐要妈妈一口一口地喂她吃饭，而且还吃得特别慢。玩积木的时候，欣桐非说自己不会玩，让妈妈手把手地教她，她才能将积木搭好。

有一天早晨，妈妈先起来做饭了。欣桐起床后没有看到妈妈就开始大叫"妈妈"，知道妈妈在厨房之后，她鞋也不穿，只穿着睡衣就跑到厨房门口看着妈妈。妈妈皱着眉头说："宝贝，你的袜子就在床头放着呢，你的鞋在鞋架上，自己去把它们穿上，好不好？"欣桐倚在门框上说："不穿，我要妈妈给我穿。"妈妈怕她着凉，自己又走不开，就鼓励欣桐说："欣桐可厉害了，自己穿得可好了呢。等妈妈做好饭，欣桐就已经自己穿好了，对不对？"妈妈的这些话对欣桐仍然没有什么效果，她还是光着脚站着，就是不肯自己去穿。

欣桐还非常爱缠着妈妈，就像个小小的"跟屁虫"一样，妈妈走到哪里她就跟到哪里，就算妈妈去上厕所，她也要站在门口等着。只要一会儿没有看到妈妈，欣桐就会急得哇哇大哭，到处找妈妈。所以，每天送欣桐去幼儿园让妈妈十分痛苦，因为欣桐每天必定会大闹不止，几乎都是被妈妈硬抱进幼儿园的，每次都要哭上半个小时才罢休。

其实许多孩子的依赖心理都是父母造成的。父母总是给孩子

孩子依赖心理的不同阶段

孩子从小就有依赖心理，这是孩子与父母或者抚养人之间建立的一种特殊的情感连接纽带，大致分为以下4个阶段：

1 0~3个月：无差别依赖阶段

这时的孩子对身边的人还没有特别深刻的认识，对所有人的态度和反应基本无差别。

2 3~6个月：有差别依赖阶段

这时的孩子对熟人比较热情，对陌生人比较排斥。对于经常看护自己的亲人开始产生依赖倾向。

3 6个月~2岁：依赖对象单一化阶段

这时的孩子已经能够在熟人中辨别出自己的主要看护者，并对其表现出强烈的依赖心理。

4 2岁以后：依赖对象伙伴化阶段

此时的孩子已经明白依赖对象只是暂时离开，对其离开后的焦虑感有所缓解，并开始交朋友，并有可能将依赖情结转移到伙伴身上。

提供过于优越的生活环境，把孩子照顾得无微不至，事事都要为孩子代劳。当孩子想要尝试着用自己的力量来解决问题的时候，父母却认为孩子太小而阻止孩子自己来解决问题。其实这是不利于孩子身心健康发展的，这也是导致孩子产生依赖心理的主要原因。有时孩子自己做事没有做好，父母就会数落孩子半天，这样就会让孩子失去做事情的信心和勇气。如此一来，孩子下次可能就不会再做了，而是等着父母去做。

因此，父母要反思一下自己的行为，多鼓励孩子自己去做事情，就算孩子做得不好，父母也不妨鼓励一下孩子独立做事情的行为和勇气。当孩子提出自己的想法时，父母要多肯定、少打击，并对孩子的合理想法给予肯定和支持。这样的话，孩子的自主能力就会一天天强起来，依赖他人的习惯就会逐渐消失。

除此之外，许多父母由于过于忙碌，没有时间照顾孩子，导致孩子总是担心父母要离开自己，情绪较不稳定，缺少足够的安全感。这样的话，孩子就会在情感上更加依赖父母，试图通过这种缠人的方式来获得父母更多的关注和爱护。针对这一情况，父母不要吝啬对孩子的表扬和赞赏，在孩子有不依赖的表现时，父母要及时给予夸奖，以便强化孩子良好的行为。

当然，孩子有依赖心理也是非常正常的，这是孩子的一种建立安全感的方式，也是孩子内在的心理需求。所以，当孩子对父母产生依赖的时候，父母或者孩子的看护人千万不要强行推开孩子，而是应该耐心地安抚孩子，并告诉孩子自己不会离开。只有这样，孩子才会建立比较强的安全感，使他在成长的过程中更有勇气和胆量。

总之，面对孩子的依赖心理，父母应该针对不同的情况用不同的方法进行处理。孩子的依赖心理在孩子小时候是很正常的，这种依赖对孩子的心理成长也是有好处的，所以父母不必过于担忧。当然，如果孩子依赖过度或者出现不安全依赖心理时，父母就需要注意了。此时，父母应当努力运用科学的方式方法培养孩子的独立性，但应注意手段不要太过粗暴，要考虑孩子的心理承受能力。

○ 看见不喜欢的菜就会吐，长大会好吗

孩子吃饭是让许多父母十分头疼的事情，先不说把孩子弄到餐桌前需要费多大的劲，就算把他弄到了餐桌前，大家开始吃饭后，孩子吃不吃得下去也是一个问题。许多孩子都有挑食的毛病，如果父母不及时矫正的话，不仅会导致孩子摄取营养不均衡，从而影响孩子的生长发育，还会使孩子养成任性、执拗的性格。但是，许多妈妈都觉得孩子越长大越不听话，让他好好吃饭，他偏偏就不。

其实，这也是孩子在成长过程中的一种正常的心理表现。随着孩子的成长，在生理上，孩子的味觉不断发展，对食物有了更多更高的要求，更加讲究食物的新鲜感。从心理学的角度来说，孩子3岁以后，开始有一定的独立意识和自我意识，什么食物合

孩子挑食的原因

　　父母只有找对了孩子挑食的原因，才能对症下药，改变孩子挑食的不良习惯。

1　肠胃不适

　　孩子吃的零食太多或是上一顿吃太撑造成肠胃负担，孩子就会不想吃饭。

2　不好的经历

　　孩子的吞咽功能不完善，长茎菜叶的食物会哽在喉咙造成不适或呕吐，使得孩子反射性地拒绝此类食物。

3　不良的饮食习惯

　　孩子一边吃一边玩，这对孩子的肠胃非常不利，还会使孩子养成挑食的坏习惯。

　　孩子都喜欢新鲜的东西，一成不变的饭菜会让孩子丧失认真吃饭的兴趣，因此，父母可以在菜的样式上下点功夫，口味多变化一点儿，孩子就爱吃饭了。

他的口味，当然是孩子自己更加清楚。当饭菜不合他的口味时，由于孩子受到表达能力的限制，难以准确表达自己的意见，也不会描述心理感受，孩子只会通过不好好吃饭来表示"抗议"。而父母习惯了孩子什么都听自己的，对于孩子的抗议，往往觉得是孩子不听话，是孩子在任性、胡闹，从而用强迫的方式让孩子吃饭，这只会让孩子觉得吃饭是一件很可怕的事情，势必会使孩子产生更加强烈的反抗行为。

因此，对于孩子的挑食行为，父母一定要了解孩子的心理，从而进行潜移默化的诱导，逐渐让孩子养成良好的饮食习惯。大多数孩子的心理是这样的：我喜欢吃什么就吃什么，什么好吃我才吃什么。因为孩子并不懂得要吃对自己身体好的食物，他们只选择自己认为好吃的食物。了解到孩子的这种心理，父母也就不必着急了，更不要逼迫孩子吃饭，而是应该采取合适的、委婉的方式，逐渐改变孩子的观念。

文文已经3岁了，刚上幼儿园。文文是个听话的好孩子，但有一件事情让父母十分发愁，就是文文吃饭非常费劲，往往要花很长的时间。夏天还好说，冬天吃得饭菜都凉了，文文却还没有吃饱呢。而且，文文还挑食，就喜欢吃肉，每次都会吃很多，小嘴里塞得满满的都是肉。但是文文却对青菜十分冷淡，水果也和青菜一样的命运，得不到文文的青睐。

妈妈总是对文文说，青菜和水果也有营养，只有什么都吃，才能长得高高的。但是文文还是我行我素，就是不吃青菜和水果。妈妈觉得这样下去，孩子肯定会营养失衡的，于是妈妈就喂文文吃一口青菜，但是文文就算把青菜吃到嘴里了，还是会吐出来，说她咽不下去。妈妈再给她吃的时候就难了，总是闭着嘴喂不进去。

妈妈实在是没办法，就跟文文的爸爸抱怨。爸爸笑着说："别说是文文，就是我也觉得青菜并不好吃。你每次都是放上油盐水，将菜一炒就出锅，什么样的绿叶菜都是这样的做法，确实不怎么好吃。"经爸爸这么一说，文文的妈妈发现，自己从来都是这样炒菜，并没有什么别的花样，连大人都吃腻了，何况是孩子呢。

为此，妈妈特意给文文包香菇油菜的包子吃，心想着这样文文就可以顺带着吃些青菜了。等包子出锅的时候，文文就说闻到包子可香了，都等不及包子凉。于是，妈妈就给文文吹吹，将包子从中间掰开，露出里面的馅儿，凉了一会儿，让文文尝一下，文文直说好吃。这一顿饭，文文吃了两个包子。

有了这次经历之后，妈妈就变着花样地给文文做饭：文文说鱼味太腥不好吃，妈妈就在网上搜索了一些资料，知道了柠檬或者姜片能够很好地去掉鱼腥味，这样，文文就能吃鱼了；文文对于鸡蛋一口也不吃，妈妈就把鸡蛋打散，和面粉混在一起，做成鸡蛋面条或者煎成鸡蛋饼，文文吃得可香了。就这样，文文所吃的饭菜既有营养又很丰盛，她也不挑食了。

如何纠正孩子的挑食行为

众所周知，挑食的行为对孩子的成长十分不利。那么，究竟如何纠正孩子挑食的毛病呢？

父母要以身作则，改变自己不良的饮食习惯，为孩子做个好榜样。

每日定时吃饭，鼓励孩子品尝多种多样的食物，避免孩子形成偏食、挑食的习惯。

当然，对于孩子不喜欢吃的饭菜，父母可以先让他试着吃一点，慢慢适应，但不要强迫他吃，否则只会让孩子更加排斥。

从例子中我们可以知道，文文之所以不愿意吃青菜，是因为妈妈做的菜并不合文文的口味，而且菜式一成不变，文文自然不喜欢吃。因此，对于孩子的饮食，父母要多做一些孩子喜欢的样式，比如把饼切成小动物的形状等。父母还要让菜适合孩子吃，比如把土豆做成土豆饼，多做少刺的鱼等，这样孩子就不会因为吞咽困难而排斥某些食物了。同时，在做菜的时候父母要经常变换菜式，或者买一些比较可爱的餐具，从而刺激孩子的食欲。

当然，父母也可以多带着孩子外出运动和玩耍，在增强孩子体质的同时，也使孩子有好的胃口。不要总是让孩子待在家里，多带孩子外出呼吸新鲜空气，孩子才会有活力，有了活力才能消耗能量，从而增强食欲。有了好的食欲，孩子自然就不会挑食了。

另外，父母应帮助孩子养成良好的饮食习惯，规定孩子要在饭前洗手，并留出固定的位置让孩子吃饭。3岁之前的孩子可以用宝宝椅来使孩子养成固定吃饭的习惯。如果孩子大点了，父母就要以身作则，召集全家在固定的时间、固定的地点吃饭，形成良好的就餐习惯。如果孩子单独离开，不愿意吃饭，父母千万不要端着碗跟在孩子身后哄着孩子吃。如果他饿了，自然就会回来吃饭。要是错过了饭点也不必给孩子准备食物，这样孩子就知道下次要乖乖吃饭了。当然，吃饭定时的同时也要注意定量，不要让孩子一次吃过多的食物，否则会造成孩子消化不良，也会影响孩子下一餐的食欲。

总之，对于孩子的挑食，父母应弄清楚孩子挑食的原因，是上一顿吃得太饱了？还是零食吃多了？是上次吃饭的时候噎着了？还是孩子的肠胃不舒服，没有食欲？弄清楚原因之后，父母就可以对症下药，帮助孩子逐步养成吃饭定时定量的好习惯。只有养成了良好的饮食习惯，不挑食、不厌食，孩子才能吸收充足的营养，健康快乐地成长。

第二章
随着成长，孩子学会了抵触

○ 孩子变得爱生气、爱发脾气

每个人都会有不同的情绪，会开心，自然也会生气，大人如此，小孩也一样。发脾气是正常的情绪宣泄，但是，许多孩子动不动就生气，而且发脾气不分场合、不分对象，这就是不正常的心理状态了。

孩子生气、发脾气时，心里肯定不快乐。而这种不快乐的情绪不断积攒，就会造成心理不健康，继而导致心理问题的出现。孩子的情绪有一个不断积累和分化的过程，他们会从最初的哭泣吵闹、生气发脾气，变成愤恨、忌妒等。随着孩子的成长，到了七八岁，孩子会变得越来越爱生气。他们会把这种情绪表现当作向大人提要求的信号。许多孩子在生气时故意大声说："我生气了！"然后噘着嘴，这就是孩子希望父母能够关注自己。当父母并没有如他们所愿的时候，为了更能引起父母的注意，他们就会通过发脾气来表达自己的不满。

祥祥是个非常可爱的男孩，刚上小学，学习十分自觉。但是，祥祥动不动就生气，一天到晚，任何一点儿小事都可以让他生气，

导致孩子爱发脾气的原因

孩子发脾气是一种正常的情绪宣泄行为，当孩子对某事不满意或者感到愤怒的时候，他自然会把自己的感受表达出来。但是，孩子爱发脾气还是有原因的，具体来说有以下两点：

1 与人的性格因素有关

有的孩子属于暴躁型性格，自然就爱发脾气；有的孩子属于温婉型性格，就很少发脾气。

2 受家庭环境的影响

在一个家庭中，父母只要有一方脾气暴躁，那么孩子脾气暴躁的可能性就非常大，父母的行为对孩子有重要的影响。

> 虽然说孩子发脾气是由具体的事情引起的，但是这些都与前面提到的两种原因有关。

甚至还会突然大发脾气。

有时，祥祥跟妈妈一起外出，如果妈妈夸其他小朋友很乖或者很厉害的话，祥祥就会生气，不理妈妈。有时，祥祥自己在家玩玩具，拼装的玩具没有拼好，他就会生气地把玩具扔在地上。有时，妈妈一句话没有说对他的心思，他就把嘴噘起来，任凭妈妈怎么叫他，他都不理妈妈。

因为祥祥总是爱生气，妈妈有时会批评他几句，他就会躲到自己的房间，"砰"的一声关上门，还在里面大声喊："我生气了！"

有一次，吃过晚饭后，祥祥和爸爸在下五子棋。父子俩你一步，我一步，有条不紊地较量着。眼看祥祥就要赢了，可是没想到爸爸的黑子往中间一放，祥祥的白子就被隔成了两段，还没等祥祥反应过来，爸爸的黑子就抢占了先机，两步下来，爸爸反败为胜。这让祥祥大为恼火，生气地冲着爸爸喊："你要赖！你要赖！不行，这局不算，重来！"说着，祥祥一把把棋盘打乱，嚷嚷着要重来。爸爸说："太晚了，不来了。"并且让祥祥洗漱准备睡觉，祥祥拽住爸爸的衣服非让爸爸重来，甚至手脚并用，爸爸看着祥祥像头愤怒的小狮子，眉头紧皱，无语地叹着气。

祥祥上小学后，妈妈规定，只有在完成作业后才能看电视。刚开始，祥祥每天放学回到家就会自觉地去写作业，然后再看动画片。但是没几天，祥祥就坚持不住了，说是每次自己写完作业，看不了多久，动画片就演完了。于是，祥祥找各种理由来看电视。

有一次，祥祥又在看电视，妈妈看到后就问他作业写完了没有，祥祥眼睛都没离开电视，敷衍妈妈说写完了。结果妈妈一检查，发现他根本就没有完成作业，只是潦草地写了几个拼音。妈妈拿着作业本找祥祥质问，祥祥因为看电视被打断就开始生气，噘着嘴坐在沙发上不再说话。

可是妈妈并没有妥协，还是坚持要他写完再看。祥祥发现没有回旋的余地，竟然拿起作业本伸手撕了！妈妈简直不敢相信，这么小的孩子竟然有这么大的脾气。这孩子的脾气实在让妈妈头疼不已，妈妈不知道怎么做才能让他改掉这个爱生气、爱发脾气的毛病。

像祥祥这样动不动就生气、发脾气的孩子，在生活中十分常见，而且任何事情都可以让他们生气。有时，大家都知道这个孩子爱生气，就不和他计较，有的父母会说："大家不要理他，过一会儿就没事了。"有的父母会批评一下孩子："你怎么这么小心眼儿呢？怎么就生气了呢？"其实，这样忽略孩子的情绪是不对的，爱生气、爱发脾气的孩子需要更多的关注，父母应该了解孩子之所以这样是处于什么样的心理，从而满足孩子的心理需求，解决孩子的心理问题，让他们不再动不动就生气。

有时，孩子生气只是为了让父母多关注自己，或是为了向父母或者其他人示威的一种方式。但是，不可否认，生气、发脾气是一种消极的情绪，当家庭氛围长时间处于紧张状态，或者孩子的情感需求没有得到必要的满足时，他们也是会生气的。对于孩子来说，爱生气、发脾气不仅会严重影响他们的情绪和心理状

孩子生气时，父母可以这样做

虽说生气发脾气是正常的情感发泄，但是孩子动不动就生气就属于心理问题了。这个时候，父母应该想方法改掉孩子爱生气的坏毛病。

1　给孩子更多的关爱

父母可以多拥抱和抚摸孩子，这样可以让孩子感受到爱，使孩子的情绪尽快稳定下来。

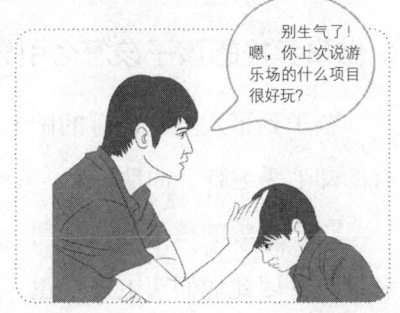

2　转移孩子的注意力

当孩子生气的时候，父母可以有意识地提起孩子平时最感兴趣的一件事，以此转移孩子的注意力。

3　父母首先不要轻易动怒

父母是孩子的榜样，身教重于言传。想要孩子不生气，父母首先要做到善于控制自己的情绪。

为孩子创造一个温馨、轻松、和谐的家庭氛围，孩子的性格自然会平和而稳定，不会再轻易就发脾气。

态，有时也会使父母难堪，因为孩子的情绪发泄是不分场合的，这会让父母十分棘手。因此，父母应该想方设法改掉孩子爱生气和爱发脾气的坏毛病。

○ 做事莽撞的孩子该怎么引导

孩子到了六七岁，有的做事有条不紊，非常细致认真；但是有的却毛手毛脚、冲动行事。

这个年龄的孩子往往好动、好斗，对运动有永不满足的需求和欲望，因此他们头上撞个包、衣服被挂破都是常事。从生理的角度来说，这个年龄的孩子由于大脑皮层的抑制功能尚未完全成熟，控制和调节能力还很弱，不能使兴奋与抑制相平衡，因此很容易冲动。

另外，知识和经验缺乏也是这个阶段的孩子行事莽撞的一个原因。比如，有的孩子经常会从高处往下跳，不是脚扭了，就是膝盖磕青了，但是他们并不知道从高处跳下来会有什么后果，只是想到什么就做什么。有的孩子拿着水果刀、剪刀等锋利的工具玩耍，很容易被割伤，他们看到大人可以运用自如而一味地认为自己也可以，而他们本身并没有使用这些工具的经验。很显然，这些都是孩子缺乏相关知识经验，不能预见其后果而造成的莽撞行为。

除此之外，父母以及爷爷奶奶的溺爱，也会导致孩子行事莽撞。如今的孩子大多是独生子女，他们往往是家里的小皇帝、小公主，长辈总是什么事情都依着孩子。所以孩子稍有不如意，就会大发脾气，乱摔东西。还有的父母不懂得如何教育孩子，动辄对孩子进行打骂，有的孩子就会以打同伴来出气。像孩子的这些行为，如果父母不及时制止，孩子就会逐渐形成莽撞的不良习惯。

吉吉是一个小男孩，十分顽皮，做事情也非常鲁莽，常常处于高度兴奋的状态。不管是在学校，还是家里，只要是吉吉经过的地方，总是乒乒乓乓地响一遍，他不是撞到桌子、带倒椅子，就是会打碎碗或杯子。吉吉还经常会做出超乎父母意料的事情，因而父母总是会训斥他："你就不能老实一点儿吗？非得干些坏事才安心！"

有一次，吉吉和邻居家的小弟弟在楼下玩。玩了一会儿，小弟弟要回家喝水。可是小弟弟跑走后，不一会儿就回来了，对吉吉说自己打不开门，没有钥匙。吉吉听到后，立刻带着小弟弟去开门。吉吉使劲推门，可是门没有开。然后，吉吉就一边拍打，一边大声叫喊，可是依然没有人来开门。这下可把吉吉急坏了，于是他把全身的力气都集中在右脚，抬起脚准备朝门上踹去。正巧邻居去外面买东西回来了，及时制止了吉吉，并把门打开了。

吉吉有一个表妹，经常来找吉吉玩。有一次，表妹又来找吉吉玩，正好院子里的桃子成熟了，满树的桃子又大又红，馋得表妹直流口水。看着表妹的样子，吉吉忍不住笑了，便挽起

如何矫正孩子的莽撞行为

当孩子出现莽撞行为时，父母不能轻率、粗暴地责骂孩子，而是要认真仔细地分析原因，根据不同的情况进行矫正。

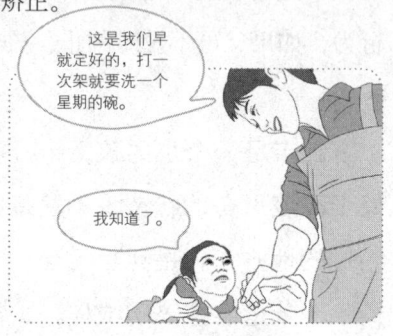

1 让孩子亲身体验莽撞行事的后果

很多事情在孩子的世界中是没有道理的，只有让他们自己去体验才会印象深刻，不会再犯同样的错误。

2 给孩子立规矩

"不以规矩，不能成方圆。"如果孩子经常做事莽撞，父母就要及早给孩子立规矩，不允许他们再这样。

3 帮孩子积累生活经验

借助孩子莽撞行为造成的后果，使他们接受教训，并懂得一些生活常识，从而减少他们的莽撞行为。

当然，这个年龄段的孩子还没有很好的判断力，他们很容易受到其他人的影响。因此，父母要注意孩子交了什么样的朋友，并且尽量少让孩子看具有暴力倾向的影视作品或节目。

袖子，对表妹说："我上去给你摘几个下来。"表妹看着高大的桃树说："这么高，你不害怕吗？"吉吉得意地说："这有什么害怕的，你等着，我一会儿就给你摘下来。"吉吉说着，就"噌噌噌"地爬上了树。吉吉在树上摸摸这个，挑挑那个，没注意脚下，踩到了一根细树枝上。只听"咔嚓"一声，人和树枝就一起跌落下来。表妹看到吉吉掉了下来，吓得大哭起来。听到哭声的几个大人赶紧跑了出来，还以为是吉吉欺负妹妹了呢，看到吉吉躺在地上痛苦的样子，妈妈赶紧把吉吉送到了医院。检查结果是吉吉的胳膊骨折了，要在家好好养几个月。

莽撞，是孩子成长过程中的行为，如果父母长期对孩子的莽撞行为采取忽视的态度的话，就会导致孩子在种种莽撞行为的过程中形成不良的心理、性格、习惯，他们在成年之后虽然心理相对成熟了，但还是会表现出鲁莽、草率等行为，以及浮躁、缺乏耐心等心理问题。因此，如果孩子在年幼时做事莽撞，经常因此伤害自己或他人，父母一定要尽早采取措施，纠正孩子的这种坏毛病。

就像例子中的吉吉一样，他总是风风火火、行事顽皮、不计后果的话，到最后受到伤害的还是他自己。所以，父母应该帮助孩子改掉这种莽撞行为。

如果能够让孩子变得有耐心，学会等待，那么，孩子自然就不会做事莽撞了。耐心被认为是衡量一个人心理素质优劣、心理健康与否的标准之一，也是孩子未来成功的关键因素之一。

○ 个性倔强的孩子该如何引导

随着孩子年龄的增长，许多父母都会发出这样的感慨：孩子越大越不好管。父母原本以为，孩子长大了就懂事了，自己也就可以放松一点儿。殊不知，孩子长大一点儿，变得个性倔强，父母说什么都不听，常常惹父母生气。

孩子在3岁之前，还没有太多的想法。但是随着年龄的增长，孩子的心理不断发展，开始有一定的自主意识，对于事情有了自己的看法和想法，并希望按照自己的想法去做。另外，孩子的心理成熟度和认知程度十分局限，对许多事情的判断也不够准确，这会导致孩子做事情的时候缺乏理性，喜欢固执己见，难以被说服。

当然，这也不完全是孩子的问题，许多父母已经习惯了孩子听从自己的话，并不知道孩子长大了，就会有自己的想法，还把孩子当成小宝宝来看待。看到孩子没有按照自己的意志行事，父母就认为孩子性格倔强，甚至为此大发雷霆。

在这样的情况下存在两种可能：一是，孩子固执己见地坚持自己错误的想法；二是，孩子本身的坚持是正确的，可能是父母的想法有误。无论是哪一种情况，父母都要学会控制自己的情绪。因为孩子年龄小，他们的心理发育程度有限，还不能很好地控制自己的情绪和行为，因此需要父母冷静地对待孩子的固执行为。如果父母对孩子的坚持大呼小叫、大发雷霆，那么，很容易伤害到孩子的自尊，不但无法解决问题，还有可能引起孩子的逆反心理，破坏亲子关系。

所以，父母在遇到类似的情形时，一定要控制好自己的情绪，语气尽量温和一点儿、委婉一点儿，尽量以慈祥和蔼的态度来与孩子交谈。例如，孩子非要穿某件衣服，并且为此大喊大叫，那么这个时候父母一定不要对孩子进行打骂，而应当耐心地询问孩子非要穿那件衣服的原因，或者耐心地劝导孩子按照自己的要求去做。当然，只要是无关原则的事情，父母完全可以退一步，让孩子按照自己的意愿去做。

圆圆今年8岁了，刚上二年级。她的脾气一直都比较倔强，但是爸爸妈妈发现这孩子最近有点变本加厉。只要是圆圆决定的事情，无论对错，别人都很难改变她的想法。有一次，圆圆正在写数学作业。爸爸下班回来后，就站在身后看圆圆写作业，发现圆圆的算法是错误的，就对圆圆说："这个算错了，这样算是没法得出正确答案的。"圆圆看着爸爸指的地方说："我这是举一反三，多角度回答问题。"一句话把爸爸噎了回去。不过，圆圆算来算去还是算错了，爸爸就教她正确的算法。就算是这样，圆圆还是一脸的不服气。

圆圆的衣服都是妈妈带着她到商店里她自己挑选的，不然买回来她也要挑出各种毛病。有一次，妈妈带她逛街，圆圆想买一件深色的小裙子，可是妈妈认为深色的小裙子夏天穿会热，建议她买一件浅色的，可是圆圆怎么都不肯买浅色的，非要买那件深色的。妈妈很无奈，在圆圆的坚持下，妈妈只好买了那件深色的。即便如此，圆圆还是高兴不起来，噘着嘴不肯理妈妈。妈妈用尽浑身解数，左劝右劝，圆圆最终才罢休。

当然，圆圆在学校里也是一样倔强。一次开家长会，老师向圆圆的妈妈反映，有一次课间，有个女同学不小心踩到了圆圆的脚。她马上跟圆圆道了歉，可是圆圆非说是女同学故意踩的她。她们俩争执了好一阵子，女同学要进教室，圆圆还不让。最后是班长找到她，她过来后再三劝说圆圆，这事才算了结，大家才没有耽误下一节课。

圆圆就是这样的一个孩子，凡事特别固执、倔强，妈妈好几次试图改变她的这种个性，但是效果并不理想，妈妈也不知道该怎么做了。

孩子的倔强、固执的性格是由多方面的原因造成的，就像例子中的圆圆，很显然她的这种倔强的性格主要与她自身的性格有关。从例子中可以看出，圆圆自己认准的事情，别人很难说服她，她有时候甚至会钻牛角尖，说明了圆圆的倔强行为是根深蒂固的，这主要是受到圆圆自身性格的影响。针对这种情况，父母就要多与圆圆进行沟通，给她讲明事理。更重要的是，父母要在日常生活中潜移默化地去影响她、感染她。

孩子倔强、固执的原因

很多七八岁的孩子都非常的固执、倔强，根本不听别人的劝告。那么，这个阶段的孩子为什么会如此倔强、固执呢？

1　与孩子自身的性格有关

有些孩子受遗传因素的影响本身就很倔强，不过这种情况可以通过后天的教育改变。

2　受家庭教育的影响

父母总是高高在上地命令孩子，缺乏与孩子的平等交流，这样可能会造成孩子孤僻、倔强、固执的性格。

总之，在教育孩子方面，父母要多与孩子沟通，尊重孩子的思想，然后潜移默化，逐渐改变孩子的行为习惯，千万不能急于一时。

○ 和父母"讲条件"，说明孩子思维独立

现在的孩子动不动就和大人"讲条件"：要是不让他看电视，他就不吃饭；要是不给他买玩具，他就不好好学习；要是不带他去游乐场玩，他就不写作业……许多父母拗不过孩子，最后往往在孩子的哭闹声中妥协。一次次的妥协，孩子反而会变本加厉。为此，父母后悔不已，觉得不应该在一开始和孩子"讲条件"，到最后，做什么事情都得先"讲条件"。

孩子逐渐长大，上了小学，其独立思维能力、自我权利意识以及对他人的心理猜测能力都会有所提高。孩子和父母"讲条件"，实际上就是孩子的心理以及思维逐渐走向成熟的一个标志，也是他们动脑子想办法争取权利的表现。他们不仅能够意识到，自己和父母一样有权提出要求，而且还不断地猜测父母的心理，跟父母"斗智斗勇"。

孩子养成了做事之前"讲条件"的习惯，则跟平时父母的教育方式有很大的关系。有的父母在孩子还很小的时候，为了让孩子听自己的话，按照自己的要求去做事，往往会提出一些引诱孩子的条件。比如，"好好吃饭，吃完后你就可以看电视。""赶紧睡觉，明天给你买喜欢吃的糖，不睡觉就没有哦。""只要考试考到前五名，就给你买变形金刚。"实际上，这是父母在跟孩子"讲条件"，久而久之，孩子就养成了这种习惯。

小花是一年级的小学生，她非常聪明，从上幼儿园开始，小花就是爸爸妈妈的骄傲，每次举行什么活动或者考什么试，小花总能取得好成绩，幼儿园奖励小红花，上小学之后学校会发奖状。除此之外，爸爸妈妈每次都会再奖励一下小花，不是一顿丰盛的大餐，就是一个漂亮的芭比娃娃，或是带小花到游乐场玩一天。

　　为了让小花学钢琴，妈妈曾经与小花达成协议：只要她每天认真练习一个小时的钢琴，她就答应小花的一个条件。一开始效果很好，小花每天都积极练琴，然后提出自己的条件。当然，都不是什么大条件，不过是多看会儿电视、买一盒彩笔之类的。渐渐地，小花不管做什么事总是要跟父母"讲条件"，现在就连写作业、吃饭、睡觉这种事，都要先讲条件，只要没有答应小花的条件，小花就会噘着嘴说："你们都是小气鬼，这么简单的条件都不答应！"父母跟她解释，她也不听。他们经常被宝贝女儿的"条件"弄得头疼。

　　为了改掉小花的这个坏毛病，妈妈曾试着不接受小花的条件，但是小家伙的脾气很倔，总跟妈妈对峙，决不妥协，有时还会用哭闹的方式逼迫妈妈妥协。因此，妈妈的几次尝试都没有成功，反而让小花变得变本加厉。

很显然，小花之所以形成"讲条件"的习惯，正是因为妈妈在一开始的时候就和她"讲条件"，才让她明白了原来还可以这样来做事情。许多父母在孩子不听话的时候，都会习惯性地给孩子"讲条件"，比如孩子不好好吃饭，父母就会说"不好好吃饭就不许看电视"，这其实对孩子会有很大的影响，因为孩子会效仿父母的行为，动不动就"讲条件"。孩子渐渐长大，心智逐渐成熟，他们开始有自己的独立意识，开始明白自己也是有权利的，于是他们开始不断提出自己的条件。

有一些父母在孩子不愿意做某件事情的时候，常常会说"你不听我的话，我也……（不满足孩子的某项要求）"，这样不仅容易让父母失去尊严，甚至还会诱发孩子的报复心理。其实，从一开始父母就应该什么条件都不讲，该提出要求的时候直接提出，并督促孩子执行就是了。这样做，孩子在家就不可能学会跟父母"讲条件"了。

鲁迅先生曾在《无声的中国》一文中写道："中国人的性情是总喜欢调和、折中的，譬如你说，这屋子太暗，须在这里开一个天窗，大家一定不允许的，但如果你主张拆掉屋顶，他们就来调和，愿意开天窗了。"这种先提出很大、很多的要求，接着提出较小、较少的要求，在心理学上被称为"拆屋效应"。

在亲子教育的问题上也有许多这样的例子，比如，有的孩子犯了错误之后，担心父母的惩罚就离家出走，父母十分着急，到处寻找，孩子安全找到回来之后，父母反倒不再去追究孩子原来

应对孩子"讲条件"的方法

孩子原本并不会"讲条件"，他们都是在父母的教育过程中逐渐学会的，虽然这代表孩子有了一定的独立意识，但是这对孩子却有很多的不利影响，父母应该引导孩子改掉这样的习惯。

1 让孩子承受"讲条件"的后果

　　孩子在"讲条件"的时候，父母可以让他们尝尝自酿的苦酒，这可能比苦口婆心地说教更有效。

2 尽量对孩子进行精神奖励

　　起初对孩子的奖励，父母应该多用精神奖励，孩子就不会提出过多的物质奖励了。

3 给孩子制订一定的计划

　　制订计划可以让孩子明白，哪些事是必须要做的，应该怎么做，没有讨价还价的余地。

　　当然，父母在拒绝孩子的不合理要求的时候，要耐心地向孩子解释拒绝的理由，让孩子明白"不行"的道理。

的错误了。实际上，孩子的离家出走相当于“拆屋”，而孩子之前所犯的错误相当于“开天窗”。因此，父母在教育孩子的过程中，方法一定要恰当，要能被孩子所接受，同时，父母对孩子的不合理要求绝不能迁就，更要避免从一开始就与孩子“讲条件”。

○ 孩子与父母顶嘴，要一分为二地看

孩子在一天一天长大，突然有一天，父母发现这个小家伙不听从号令了，小家伙居然鼓着腮帮子噘着嘴开始和大人顶嘴了！据相关研究表明，爱顶嘴的孩子约占总数的70%。其实，顶嘴是孩子成长期的一种正常现象。当然，对此，父母既不能放任自流，也不能全盘否定，而是要根据具体情况选择最好的处理方法。

研究表明，孩子长到了一定年龄，孩子逐渐会有自主意识，有了自己的思维和意愿，对事物就会有自己独到的见解。有时，孩子与父母发生了分歧，父母就会对孩子的想法进行压制，结果到最后发现孩子的坚持是对的，所以不能因为孩子与父母想法不一致，就认为孩子是错误的。当然，孩子本身也不再愿意处处受人压制，不再满足于模仿成人，而是要求独立思考，独立行动。这个时候，如果父母对孩子给予过多的干涉和照顾，孩子就会产生逆反心理，会特别反感父母的做法。其突出表现就是不听指挥，自行其是。当他们认为父母做事不合理或者不对时，就会选

择用顶嘴的方式来反对父母的言行。

欣欣今年7岁多，正处于叛逆的阶段。自从欣欣进入这个阶段之后，她就经常跟爸爸妈妈顶嘴，尤其是跟妈妈，两个人的"战争"就没有停过火。

一个周末的下午，妈妈看欣欣在沙发上看电视，就跟欣欣商量："欣欣，反正你的作业写完了，在家里也没什么事情做，不如陪妈妈去买件衣服吧？"欣欣听到妈妈的话后，立刻反对说："我才不和你去买衣服呢。"妈妈一愣，问她说："为什么不陪妈妈去啊？"欣欣跟个小大人一样，站起来两手一叉腰，说道："有两个理由：第一，妈妈，你的衣服已经够多的了，我还经常看到你把不穿的衣服送人呢，你怎么还要买呢？第二，你每次买衣服都要逛好久，跟着你实在太累了，我不去！"

听完欣欣的"两个理由"，妈妈觉得孩子说的也没错，就对欣欣说："那我们就不买衣服了，咱们俩一起出去散散步总可以吧？你总是看电视，对眼睛不好。"妈妈的这个提议，欣欣倒是赞成。于是，欣欣就陪着妈妈到附近的公园转了转，其实公园也没什么好玩的，她们转了一圈就准备往家返。在回家的途中，她们路过一个两元擦鞋店，妈妈看到价钱很便宜，而且走了这一圈，自己的皮鞋脏了，就说进去擦擦鞋，正好可以休息一下。

没想到欣欣又将了妈妈一通说："你和爸爸不是经常说，我们家买房子借了很多钱，大家以后都要节约的吗？两块钱就

三招"对付"爱顶嘴的孩子

面对爱顶嘴的孩子，父母不要一味地与其针锋相对或者威胁恐吓，当然也不能一味迁就，父母应该冷静地分析原因，找出合理的解决之道。

1 不要轻易责备孩子

在孩子顶嘴时，父母应该耐心引导孩子正确表达自己的意愿，即使父母不得不批评孩子，也要注意场合、语气和方式。

2 给孩子一个申辩的机会

这是父母尊重孩子的最起码的表现。父母应该明白，申辩并非强词夺理，而是让孩子把事情讲清楚。

3 做孩子的好榜样

在平时，父母要做到不急不躁、尊重长辈，这样孩子自然就会听从教导，不再顶嘴了。

父母应该告诉孩子，顶嘴是解决不了任何问题的，反而会让事情越来越糟，而沟通才是解决问题之道。

不是钱吗？"这句话本应该是妈妈用来教育女儿的，现在妈妈反而被女儿教育了一番。妈妈真是又好气又好笑，只好和欣欣一路走回家了。

从上面的例子可以看出，孩子的顶嘴行为并不都是无理取闹的，也是有自己的理由的。如果大人在教育孩子的时候，只是规范孩子的言行，自己却不遵守，孩子就会因为大人使用了双重标准而表示强烈的不满，以至于出现顶嘴的行为。

正如一位著名的心理学家所说："一个没有办法有效地让孩子停止顶嘴的父母，往往其自我的控制能力也较差。"比如，我们教导孩子不要挑食，而自己却从不吃萝卜，那么我们在要求孩子吃饭时多吃萝卜的时候，他们就可能会说："你说不要挑食，那你自己为什么不吃萝卜呢？"就像例子中的欣欣一样，她之所以会跟妈妈顶嘴，那是因为妈妈的言行不一致。

另外，父母对孩子过分溺爱也会造成孩子的顶嘴行为。如果父母在平时对孩子过分宠爱，则会让孩子对长辈有恃无恐，导致孩子一切以自我为中心，当他们认为父母的言行与平时的溺爱有所不同时，孩子就会产生顶嘴的行为。

还有一点就是，随着孩子年龄的增长，他们会不断地接触更多的新鲜事物，如果父母的教育方式总是一成不变，那就无法适应孩子的成长。那么，父母的教育理念自然会被孩子拒绝，他们爱顶嘴也就无法避免了。

当孩子顶嘴的时候，许多父母常常不讲方式、不分场合地批评孩子。而且有些话语还十分尖锐，这就很容易伤害孩子的自尊心。父母不要以为孩子还小，什么都不懂。殊不知，随着孩子心理的不断发展、思维方式的不断成熟，孩子已经有了自己的思想，他们的想法可能比父母的想法更好。可是有些父母见不得孩子顶撞自己，认为自己的权威受到了威胁，因此他们不分青红皂白就对孩子大发雷霆，非打即骂，觉得不把孩子的这股子劲儿压下去，孩子就有可能变坏。然而，强制压迫看似暂时消除了孩子的表面反抗，但他们却是口服心不服。渐渐地，就会引起孩子内心的愤恨、埋怨，甚至记仇，最终导致他们关上心灵深处那扇与父母交流的大门。

　　如果孩子真的不再与父母进行交流了，则得不偿失了。孩子的成长离不开父母的正确教导，面对爱顶嘴的孩子，父母要理解孩子在某一时期的心理特点，在尊重孩子的基础上，采取正确的方式方法引导孩子，让孩子在生理、心理上都健康成长。

第三章
成长期孩子的心理诊断

○ 孩子似乎有些抑郁

关于孩子的抑郁，是以情感低落、哭泣、失望、活动能力减退，以及思维、认知功能迟缓等为主要特征的一类情感障碍。抑郁是多种不良情绪的综合，它是痛苦、愤怒、焦虑、悲伤、自责、羞愧、冷漠等情绪复合的结果。由于每个人的心理素质不同，抑郁有时间长短、程度强弱之分。抑郁被称为"心灵的流感"，它是存在于孩子中的一种普遍的"坏"情绪。许多父母和老师在对待抑郁的孩子时，往往会忽略孩子的这种情绪，只是认为孩子"坏"，很少有人会重视这种抑郁的情绪，于是使许多孩子都沉浸在抑郁中。

对于抑郁的孩子来说，他们在心理上进行自我禁闭，外人很难穿透他们心理的壁垒进入其内心世界，他们总是把自己封闭起来，一个人感受孤独、自责和种种不快。

由于抑郁是许多情绪综合的结果，所以，许多父母通常认为，孩子的脾气坏了一点儿或者情绪大了一点儿，而看不出孩子是抑郁了。孩子是单纯的，许多事情都是通过父母来判断的，抑

抑郁症的危害

许多父母对孩子的情绪都不太重视，也不知道抑郁的情绪和心理会给孩子带来多大的危害。当孩子患有抑郁症的时候：

孩子在情绪上会十分焦虑和过分激动，身体的各项功能就会随之下降。

孩子在精神上会出现运动阻滞，以致思维变得消极。

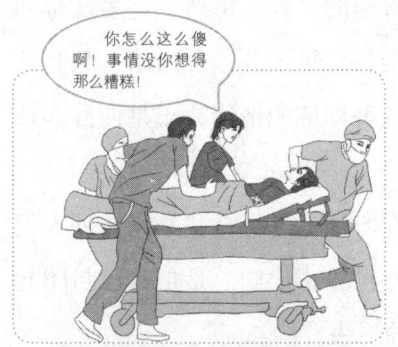

抑郁症还是自杀的动因，人们称抑郁症为"人类第一号心理杀手"，是自杀率最高的心理疾病。

因此，父母在关心孩子物质上是否得到满足的同时，也应该多关注孩子心理上的健康。如果发现孩子有抑郁情绪，父母应该及时引导，帮助孩子走出"困境"。

郁对孩子的危害非常大，这就使得父母在对孩子抑郁的关注上任重而道远。

晓阳当初是以优异的成绩考到省级重点初中的，但是上了初中之后，晓阳却反复对爸爸妈妈说自己"不想上学了"。而且，晓阳常常莫名其妙地出现头疼、胸闷、厌食等症状。晓阳开始变得经常发脾气，每次一发脾气就会在家里的墙上乱写乱画，有时还会用毛笔在纸上写大大的"忍"字，扔得满屋都是。这样的喜怒无常，使得晓阳对任何事情都没了兴趣，情绪也非常低落，总是想着不再上初中了，而是想回到自己的小学时光。

晓阳的父母十分担心，但是无论怎么问，晓阳都不对爸爸妈妈敞开心扉。爸爸妈妈想到晓阳小学时的班主任对她十分关心。于是，晓阳的爸爸就去拜访班主任老师，想让其帮助了解一下晓阳的境况。

经过这位班主任老师和晓阳的谈心，父母才知道，原来初中的老师讲课太快，往往是晓阳还没有听明白就讲过去了。小学时，晓阳一直成绩优异，几乎每次都是全班第一名。但是，晓阳现在在初中的成绩要保持中上游都非常困难。每次看到同学们学习的时候，晓阳就会非常着急，自己也拼命地学习，可是却收效甚微。晓阳经常会没有理由地很想哭，于是经常坐着发呆，很多心事也不知道和谁说。加之父母经常吵架，以前家里经济负担重的时候，父母吵得更厉害，妈妈一心情不好就把气撒在晓阳的身上，这使得晓阳对环境非常敏感。晓阳在面对新的环境时，缺少情感的依附，她更是没有掌握如何正确对待焦虑和冲突的方法，因此即使心中不快，也不愿意和父母谈心，而是在家里乱发脾气。晓阳的功课也因此落下很多，时间又因为发呆和情绪不稳定而浪费得太多，使得晓阳觉得自己笨，考试每次都考不好。

晓阳还对小学的班主任说："我好怀念小学的生活。现在我的成绩不好了，父母又总是唠叨我，我很难过。现在我害怕到学校去，害怕考试，我该怎么办呢？"说着说着，她就哭了起来。

从上面的例子中我们可以看出，晓阳是自我禁闭的，这是一种抑郁的心理。抑郁是一种比较持久的、忧伤的情绪体验，并伴有身体不适和睡眠障碍等问题。抑郁多发生于孩子的青春期，一般抑郁的女孩多于男孩。

那么，是什么原因造成孩子的抑郁心理呢？由于孩子的心理各不相同，原因也是复杂多样的，如学习压力过大、被同学或同伴孤立、家庭不和睦、有抑郁倾向的家人等都会造成孩子的抑郁心理。不同孩子的抑郁情绪的形成则各有各的原因，有的是因为孩子长期受到不良情绪的影响；有的是因为孩子对一些事情的理解存在偏差，当这些偏差经过长时间的强化以后，在其脑海里根深蒂固地被保留下来；有的是因为孩子生活环境或情感上突然有很大的起伏，这种突然的刺激一下子推翻了孩子对世界的原有认知，这样的突变会使孩子走向抑郁的泥潭。

对于孩子的抑郁问题，许多父母并没有引起足够的重视，许多父母只关心孩子的学习成绩，而忽视孩子的精神状况。因此，许多父母并不觉得孩子的抑郁是病态，反而觉得孩子是"坏""不听话"等。或者有的孩子由于抑郁程度较轻而被忽略。

当父母了解孩子的确是存在抑郁心理之后也不必感到惊慌，孩子的抑郁心理是可以治疗的。抑郁是孩子在心理上的自我禁闭，孩子自己不能"解放"自己，父母帮助孩子及时排解不良情绪，并做一些心理护理，这样孩子自然就会康复。

当然，父母在认识到孩子有抑郁情绪之后，更要多关心孩子，对孩子抑郁情绪的纠正也要理性进行，切不可冒进。

具体针对例子中的晓阳而言，父母需要做的就是使孩子在心理上淡化"考试没考好是因为自己笨"的想法；而需要帮孩子强化"我有很多优点，即使我笨，勤也能补拙"的信念。父母要使晓阳明白，正是这些不合理的信念导致她情绪上的沮丧和无望，以至于她在学校会十分紧张。一次考试失利，并不能证明她永远都考不好，只要发现学习上的不足，并加以改正，她的成绩就可以提高。

全面了解晓阳的情况，与她共情、同感，取得其信任，是辅导治疗的关键。给孩子构建新的认知，父母全力支持孩子合理利用自己头脑思维并进行改进，可以帮助孩子重塑自我。在抑郁问题的矫正中，仅靠孩子构建新的认知是远远不够的，父母必须要给孩子一些实用技巧的指导。

因此，对于孩子抑郁的治疗，父母首先要想办法使孩子在心理上推翻原有的认知，再根据个体的实际情况帮助孩子构建新的认知。当父母构建的新认知开始进入孩子心里的时候，再用事例或话语激励孩子，以此来强化孩子的新认知，这是矫正孩子抑郁心理成功的关键所在。

需要注意的是，有的孩子意识到了自己得了抑郁症，想要求助心理医生，可是许多父母不相信孩子有心理疾病，并且认为找心理医生是丢面子的事情，因而加以阻拦，耽误了孩子的治疗时机。所以，父母应该打破固有的观念，及时带孩子进行科学的治疗，这样才能使孩子早日恢复健康。

○ 孩子嫉妒学习比自己优秀的同学

嫉妒是一种比较复杂的混合心理，包含焦虑、恐惧、悲伤、消沉、猜疑、敌意、怨恨、报复、羞耻等心理成分。从本质上来说，嫉妒是一种不健康的心理状态，它往往带来竞争、攻击和对立的后果。

一般来说，一定的好胜心理可以促使孩子在生活和学习中更加努力。但是，如果孩子的好胜心过强，就会发展成为嫉妒心理。嫉妒心理对孩子之间的发展交往具有不良的影响，会妨碍到孩子的进步。嫉妒心过强的孩子，看到别人超越自己就会不服

嫉妒心理产生的原因

任何一种心理的产生都是有一定原因的，嫉妒心理也不例外。那么，是什么原因让孩子产生了嫉妒心理呢?

孩子的嫉妒心理常常是因为家庭中存在着一些问题，如父母关系不和、家庭教育方式不当、父母对孩子的要求不一等。

有的父母经常拿自己的孩子与其他孩子相比较，这也是造成孩子产生嫉妒心理的原因。

另外，嫉妒与老师的教育方式也有关系，比如有的老师在处理孩子间的纠纷时不够公平，偏袒其中一方，这往往是孩子嫉妒心理产生的直接原因。

不管是什么原因形成的嫉妒心理，都对孩子的成长不利。作为父母，一旦发现孩子有嫉妒心理，应该及时进行疏导。

气，心里就会不舒服，甚至会因此而怨恨别人。这样的话，孩子就无法很好地和他人交往。因此，如果发现孩子的嫉妒心过强的话，父母一定要做好孩子的心理疏导工作。

嫉妒是孩子自我意识觉醒的外在表现。一般来说，孩子起初不会表现出嫉妒心理。随着年龄的增长，孩子的自我意识开始产生并发展，就会与周围的同龄人进行攀比，孩子会对自己经过不断努力仍不能达到的目标充满不甘。此时，如果别人做到了，孩子对这个"幸运儿"的排斥和强烈的妒意就会冒出来。

嫉妒一方面是孩子待人不够宽容的表现，另一方面是孩子自我意识开始觉醒的表现。通常，嫉妒心强的孩子，好胜心也很强，他不惜为自己某方面能超过同龄人而付出更多的努力。父母要做的，就是解决孩子因此而产生的虚荣、攀比、说谎、任性等负面行为，但不能把孩子嫉妒背后的进取动力一并抹去。

虽说孩子的心理发展不成熟，许多事情考虑得不周全，但是，孩子的心思却不一定会比成人简单。嫉妒心强的孩子，往往会形成一种不正确的妒恨情绪。比如，老师在上课的时候表扬了一个表现不错的孩子，而另一个表现得差不多的孩子却没有得到表扬，他就可能会闷闷不乐，因为自己没有得到表扬而感到不高兴。这种不良情绪压抑久了，"不高兴"便会转移到那个表现得好并受到表扬的孩子身上，从而会变成妒恨。也许这个孩子为了攻击被表扬的孩子，还会做出在老师面前诋毁被表扬的孩子、向老师打小报告，甚至扬言和他有仇，为他的失败而幸灾乐祸等事情。

小月是个漂亮的女孩，今年上小学四年级了，她的成绩一直很不错，所以几乎是在一片表扬声中长大的。小月十分好胜，什么事都想做到最好，容不得有半点不足。

　　有一个周末，妈妈带着小月到张阿姨家去做客。张阿姨有一个女儿，名叫多多，比小月小 1 岁。多多从小就在学画画，现在的绘画水平很高，她好几次参加少儿绘画大赛都是第一名，张阿姨引以为傲。

　　到了张阿姨家里，大家免不了一番客套。他们家墙上有好几幅绘画作品都是多多画的，妈妈看到后就夸奖了几句，张阿姨也在夸奖多多。妈妈还说希望多多画一幅画送给她，回家之后也裱起来挂在墙上。她们热闹地说笑着，这场景却让小月十分不舒服。她觉得大家都在夸奖多多，却没人夸自己，自己的学习成绩那么好，多多的成绩远不如自己呢。小月的心里很不是滋味，突然酸溜溜地说："她就是画得再好也成不了凡·高，有什么用啊！"小月的一句话让妈妈十分尴尬，也很震惊，这个孩子怎么这么爱嫉妒啊，大家不过夸了多多几句，她就受不了了，以后还怎么和更优秀的人相处呢？

　　看到别的孩子受到了表扬，自己就会暗中不服，甚至会公开挑别人的毛病。许多嫉妒心强的孩子都会有小月这样的行为，他们不能容忍别人比自己做得好，也不愿意听到夸奖别人的话。他们往往会去指责别人，或是想办法让别人不如自己，这些行为对成长中的孩子来说都是有害的。

心理学家发现，年龄较小的孩子大多数都有嫉妒的表现。但是，如果孩子到了五六岁，嫉妒心还是特别强的话，父母就必须引起重视了。因为这种状态继续存在的话，会给孩子带来种种心理障碍和人际关系的不良影响。小一点的孩子可能会抢别人的玩具，将别人的心爱之物藏起来，甚至打人、推人、踢人等，大一点的孩子可能会稍微理智一些，但是也会做出一些伤害别人的事情。父母应该让孩子明白，自己这样的行为会伤害到别人的感情，这是一种十分不友好的行为，父母应该引导孩子向对方道歉，鼓励孩子与别人友好相处。

许多父母在发现孩子的嫉妒心过强的时候，认为这种心理对孩子的成长没有好处，进而极力打压孩子的这种情绪和心理。然而，父母一味地打压，只会加深孩子内心的矛盾和扭曲，让孩子的不良情绪无处发泄。父母应该鼓励孩子把这种不良情绪说出来，这才是疏解孩子内心压力的最佳途径。如果孩子的嫉妒对象是小伙伴，父母应该鼓励孩子当着对方的面说出自己的羡慕和不甘心。比如，有个孩子钢琴弹得好，别人都会夸奖他，另一个孩子可能就会觉得不甘心，这时父母可以鼓励其向对方说出自己的感受："我很羡慕你有钢琴，还弹得这么好，我只有电子琴，怎么练习可能也赶不上你了。"当孩子说出自己的真实想法之后，孩子很有可能会得到对方的回应和帮助，比如，对方可能会

如何应对孩子的嫉妒心理

既然知道嫉妒心理对孩子的成长不利，父母就应该想办法帮助孩子疏导排解，具体可以这样做：

1 建立良好的家庭环境

团结友爱、互相尊重、谦逊忍让的家庭氛围，是预防和纠正孩子嫉妒心理的重要基础。

2 正确评价孩子

父母既要发现孩子身上的闪光点，也要注意表扬孩子时不要过分拔高，以免孩子对自己产生不正确的印象。

3 激发孩子的自信心

不要当着别人的面责怪孩子，也不要当着孩子的面责怪其不如别人，父母应该多鼓励孩子，让孩子认识到自己的力量。

当然，对于那种处处要占上风、事事以自己为中心、爱嫉妒又不容人的孩子，父母则要严厉批评，使其认识到自己的错误。

说："那你以后常来我家，我们一块儿练习钢琴，我可以教你弹的。"或者对方会说："弹钢琴一点儿意思都没有，我才羡慕你可以经常和朋友一块到处玩呢。"无论对方给出哪一种回应，都可以极大地缓解孩子的嫉妒和压力，不会让孩子自责"我不如他，我有问题"，从而让孩子保持心理健康，快乐地长大。

嫉妒是表现在孩子身上的一种十分典型的毛病，它会影响到孩子情绪的稳定和快乐，会影响孩子良好人际关系的建立，因此无论是父母还是老师，都应该积极帮助孩子走出嫉妒心理，让孩子重新回归纯粹、烂漫。

父母在鼓励孩子友好竞争、争取做到最好的同时，还要让孩子知道，竞争终归是在友好关系的基础上进行的。对于好胜心强的孩子，父母应该小心委婉地询问孩子不高兴的原因，或者多让孩子倾吐心中的不快。好胜心强的孩子，多数都有自卑感，他们觉得自己没什么可取的地方，只知道嫉妒强者，会给自己造成心理上的内耗，所以父母应该对孩子进行正确地疏导，并加以鼓励，给孩子信心，这样孩子的嫉妒心理就会烟消云散了。

总之，培养孩子的健康心理是极为重要的，因为孩子只有从小具有良好的心理素质，才会在今后的生活中不怕困难、不怕挫折。

○ 避不开的"叛逆期"

许多孩子年幼时都是乖巧可爱的，但是随着年龄的增长，慢慢地，他们就开始和父母唱反调了。对于父母的话，他们总是

"左耳朵进右耳朵出"，就是再麻烦的事，孩子也不愿意和父母说。孩子在成长的过程中，几乎都会出现这样的状况，而且这种状况往往会持续好几年。许多父母难以接受孩子的转变，感觉孩子和自己不亲近了，总是处处与自己作对，父母在生气的同时还感到十分伤心。

其实，父母也大可不必过于伤心，叛逆是每一个孩子在成长中必然经历的心理过程，心理学家把孩子专爱和父母、老师作对的这一时期称为孩子的"叛逆期"。

"叛逆期"是一个人从孩童过渡到成人的关键时期，如果父母不加以正确的引导，就会导致孩子产生叛逆的性格，严重者还会因此产生许多病态的性格，比如多疑、偏执、冷漠、不合群、对抗社会等，这些性格如果进一步发展的话，还可能会向犯罪心理和病态心理转化。

叛逆起源于孩子自我意识和好奇心的增强，加上如今社会媒体的急速发展，孩子接触的信息来源十分广泛，社会和媒体的不断冲击，促使孩子对许多东西产生兴趣，他们便要通过表现个性、追逐潮流来满足自我意识和好奇心。当孩子的自我意识和好奇心超出一定程度时，孩子就会表现出叛逆的性格，这个"度"超出得越多，孩子就会越叛逆，叛逆的危害就会随之加剧。

处于叛逆期的孩子，对身边凡是管教自己的人都会表现出强烈的反抗情绪。有时，他们甚至对社会也会有反抗情绪。他们希望表现出自我价值，想要引起别人对自己的注意，这使得他们常

孩子叛逆心理产生的原因

任何心理的产生都是有原因的，孩子叛逆心理的产生也是如此，具体来说，是由以下几个方面引起的：

孩子自我意识增强，是叛逆心理产生的最直接的原因，孩子希望表现"自我"，于是处处与人对着干。

社会和家庭的传统教育总是会有一些弊端，这些弊端阻碍孩子自身发展的需求，也会成为孩子叛逆心理产生的源头。

孩子面临的压力不断加大，尤其是学业压力远远大于从前，加上青春期孩子的身体开始发育，孩子会产生不适感，很容易形成叛逆心理。

了解事情的原因便于找出对策。父母知道了孩子叛逆的原因，就可以对症下药，正确引导孩子了。

常会标新立异，追求个性。比如，这个时期的孩子会穿一些奇装异服，他们就是要打扮得跟别人不一样，有的孩子甚至希望自己是个"另类"；有的孩子会做一些引人注目、与众不同的事情，或者说一些让人大吃一惊的话等，其实他们这样做，无非希望别人能够对自己刮目相看。也许，孩子的这些举动在大人眼中显得有些幼稚。那是因为，一方面，孩子因为年少，缺乏适应社会环境和独立思考的能力；另一方面，孩子在这个年龄段，独立意识强烈，表现欲旺盛。换句话说，就是这个时期的孩子希望处处能显露自己，通过展示自己和别人不一样的地方来体现自己的价值。了解到这些，父母也就可以理解孩子在这个时期的种种举动了。

杨乐从小就非常懂事，一直是个乖孩子，没让父母操过心。但是，在杨乐升入初中二年级之后，像是变了一个人，处处与父母对着干，让父母头疼不已。

一个周末，杨乐早晨不肯起床，妈妈叫了好几次，他都没有起来。以前他可是自己按时起床，吃完饭就写作业，写完作业才出去玩的。

于是，妈妈生气地走进杨乐的房间，直接掀开他的被子说："赶紧起来，再不起来就没饭吃了。"杨乐看到妈妈直接掀了被子，生气地说："不吃就不吃，谁稀罕啊！"说着一把拽过被子，倒头就睡。

等到快中午的时候，杨乐才起床。洗漱完后，他站在镜子前打扮，下身穿了一件破洞的牛仔裤，上身搭配了一件花衬衣。妈妈看到后，生气地说："你这是什么打扮，跟个小混混一样，赶紧换下来。"杨乐一边照着镜子打理头发，一边说："你懂什么，这样才时髦。"

妈妈拿了衣服过来让他换下来，他也不换，妈妈再唠叨，杨乐直接冲着妈妈喊道："我都多大了，你能不能不要总是管我，以后我的事情不用你管！"说完，夺门而去。

最近，杨乐总是这样，妈妈说几句，他就发脾气，真的是越来越不听话了。

· ·

像杨乐的父母一样，许多父母在孩子叛逆期都会有这样的感觉：孩子动不动就发脾气；孩子与父母争吵不断；孩子会反抗和拒绝父母的要求和原则，越不让他们做的事情，他们偏要做……对于孩子的这些表现，父母如果加以正确引导，孩子便能顺利度过这一阶段；如果父母处理不好，则将影响孩子心理的成熟和身体的发育。对于孩子的这段"叛逆期"，如何正确地进行引导，这是每位父母在家庭教育中都应该注意的问题。

那么，孩子为什么在"叛逆期"总是与父母和老师对着干呢？在"叛逆期"，孩子的思维方式由儿时的感性思维转变为更加理性的思维，孩子的自我意识也会逐渐加强，处处要体现"我"的存在。但是孩子对事物的理解缺乏深度，体现自我又没有更为广阔的"舞台"，于是他们就会寻找实现自我的环境。因

孩子叛逆，父母怎么办

只是满足于表面上了解孩子是不够的，父母必须学习一些心理学知识，了解"叛逆期"的实质，帮助孩子顺利度过这个时期。

1 理解信任孩子

父母应和孩子建立一种平等的、信任的朋友关系，相信孩子处理事情的能力，适时听取孩子的意见。

2 避免正面冲突

在孩子发脾气的时候，父母应该保持冷静，以免激发孩子的对立情绪，使孩子的叛逆心理更强烈。

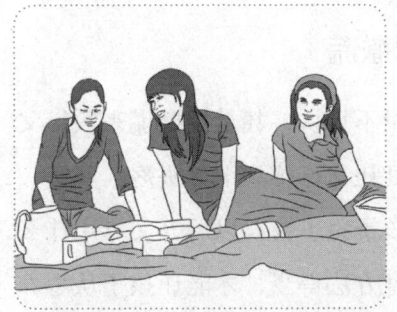

3 鼓励孩子参加集体活动

这样孩子可以多交朋友，丰富、充实自己的精神生活，发展自我意识，培养开朗性格。

父母应多和孩子谈心，多倾听孩子的心声，让孩子把心里话都说出来，这样父母才能更好地理解孩子，给孩子正确的引导。

此，离孩子最近的父母和老师就成了"受害者"，他们就靠和父母或老师"对着干"来体现自我。

虽然孩子在"叛逆期"和父母与老师唱反调，但并不意味着都是负面的。孩子的逆反心理并非一无是处，孩子的一些不同的看法和做法，也不一定全然错误。比如，孩子叛逆的一个原因就是教育存在一定的弊端，而孩子的叛逆正好可以揭露这些弊端，在一定程度上促使人们对孩子的教育方式做出改进。另外，孩子产生的叛逆心理，是其天性的自然流露，从侧面反映了孩子的自我意识增强，孩子的好胜心强，勇敢，有闯劲，能求异，能创新。现代社会充满了竞争和挑战，迫切需要具有创造性思维、开拓进取精神的人才。因此，父母要善于发现孩子叛逆心理中的创造性思维和开拓意识，并合理引导。只要引导合理，孩子的叛逆心理是能够发挥积极作用的。

○ 犯错误后，孩子开始对父母撒谎

许多孩子犯了错误以后总是拒不承认，甚至用撒谎来敷衍父母，这种不诚实和不负责任的态度让父母感到十分头疼。其实，孩子犯错误是难免的，重要的是孩子犯了错误以后，父母用什么样的方法去教育孩子。父母的教育方法得当，才能让孩子从小养成勇于承认错误的好习惯。

许多父母对孩子过于苛求完美，他们给孩子制定了很高的标准，要求孩子守规矩，不允许孩子犯错误。一旦孩子犯了错误，父母就会特别急躁，不是对孩子加以指责就是责骂惩罚，根本就不给孩子解释的时间和改正的机会。正是因为父母的这种态度，才让孩子不愿意承认自己的错误，甚至用撒谎的方式意图隐瞒自己的错误。

其实，人在成长的过程中都会犯错误，成长本身就是一个不断犯错误、不断更正的过程，而孩子能够主动承认错误，学会发现和认识错误，并从错误中吸取经验教训，这才是最重要的。

然而，许多父母并不明白这个道理，而是认为孩子"不打不成才"，因此，只要孩子有一点点的过失，他们不是打孩子就是骂孩子，让孩子在错误面前惶惶不可终日。这种教育方法不但不能使孩子认识到错误，还会使孩子为了逃避打骂而不讲真话，久而久之，孩子就养成了撒谎的坏习惯。并且，打骂、体罚会给孩子的身体和心理带来极坏的影响。

当孩子有撒谎的行为时，不同的孩子会有不同的理由。孩子撒谎，父母要认识到孩子这种行为的本质或孩子的心理属性，那就是孩子撒谎是因为"趋利""避害"这两种原因之一，或者两者兼而有之。

父母对孩子的错误一味责备也是孩子撒谎的原因之一。现实的情况是，不管因为什么原因，只要孩子一犯错，父母不是大声责骂，就是用体罚来对待孩子。久而久之，这样会给孩子这样的认知：自己犯了错，父母肯定会责骂自己。没有哪个孩子不怕父母的惩罚，于是孩子犯了错以后，总是想方设法瞒着父母。一旦

孩子逃避责备的伎俩

只是满足于表面上了解孩子是不够的，父母必须学习一些心理学知识，了解"叛逆期"的实质，帮助孩子顺利度过这个时期。

否认是孩子在逃避责备时常用的手段，即使是自己做的，他们也会全盘否认。

他们对大人的责问会以掩盖真相为目的，说话无中生有、言不对题或真真假假。

孩子在逃避指责时，经常会含糊其辞，或者故意隐瞒关键的问题。

谜底昭然若揭：他们不过是想方设法地逃避惩罚罢了。

父母发现了孩子的错误，孩子就会编造谎话来欺骗父母。比如，孩子打碎了花瓶，他就会想：这下坏了，肯定要挨打了。于是，为了逃避父母的惩罚，他可能会说花瓶是小猫或小狗上蹿下跳的时候打碎的。所以，孩子撒谎的原因往往就是为了逃避父母的责备。当父母对孩子犯错的责备形成一种习惯的时候，孩子的撒谎也就成了一种习惯。

奇奇平常放学回家都喜欢在楼下小区广场上和一群小伙伴玩耍，总是要等到妈妈去喊他吃饭才不情愿地回家。这天和往常一样，奇奇回家放下书包就出去了，妈妈也没在意。等到晚饭做好之后，妈妈到广场上去找奇奇。远远地，妈妈听到一群孩子在吵架，不禁加快了脚步。

妈妈走近一看，奇奇气鼓鼓地和明朗对峙着，虽然明朗用右手捂着自己的左胳膊，但还是能看到明朗的左胳膊上有一排牙印，并且还擦破了点皮。妈妈一看，就明白是奇奇闯祸了。于是妈妈赶紧上前查看明朗的伤，还故意吓唬奇奇说："这可怎么好呀，这么严重得去医院。"然后转过脸来问奇奇："你为什么咬明朗啊？"奇奇看到妈妈本就吃惊，被这么一问，先是一愣，接着说："我没咬！"妈妈指着明朗胳膊上的牙印说："都有牙印了，还说没咬？"奇奇蛮横地说："没咬就是没咬，我咬的不是这样的，不信，我咬一个你看看。"奇奇说着，抬起自己的胳膊就要咬下去，妈妈赶紧拉下他的手，说："你怎么这样啊？太不像话了！"奇奇见到妈妈生气了，还一副不信任自己的样子，便一边哭一边说："我就是没咬。"

妈妈觉得应该先带明朗去处理一下伤口，就先稳住奇奇说："也许真的不是你，不过这里有这么多人看着呢，明朗已经受伤了，我先带他去医院，等会儿找几个人来证明一下，行吧？"奇奇低着头没有作声。

从医院回来后，妈妈找到坐在沙发上的奇奇，继续开导说："我觉得如果你确实是错了，自己认错比较好，找别人来证明是你错了的话，那就是错上加错，好孩子应该勇于承认自己的错误。"奇奇还是低着头，不过很小声地说："那让我想想吧。"过了好一阵，奇奇低着头有些不好意思地说："对不起，妈妈，我错了，我去给明朗道歉，行吗？""当然行啊，承认错误很好，能够改正错误更是好孩子。"妈妈笑着说，然后接着问他，"那你能告诉妈妈，刚才为什么不承认错误吗？""我怕爸爸知道后打我！"

例子中的奇奇不愿意承认错误，是害怕爸爸回家知道后会打自己，所以一开始先欺骗妈妈。经过妈妈的几番开导，奇奇才说了真话，并说明了自己撒谎的缘由。

孩子年龄小，日常表现不可能尽善尽美，由于孩子的心理发展还不成熟，自我控制能力十分有限，一不小心就会犯错，比如孩子判断失误、记错事情、受人干扰分了心……这时父母

孩子犯错之后，父母可以这样做

每个人都有犯错的时候，但错误带给孩子的启示可能是他们在其他任何地方都不可能学到的。父母要做的就是从小培养孩子勇于承认错误的习惯，这样孩子才能认识到自己的错误并敢于承担后果。

1 细致询问、耐心开导

对犯错的孩子，父母要亲自询问、耐心开导，告诉孩子纠正和弥补过错的方法，孩子就不会害怕认错了。

2 批评不应重复

总是重复地对孩子批评教育，容易伤害孩子的自尊心，尤其是对比较敏感的孩子更要注意。

3 教育必须保持一致性

父母的教育要保持一致，不能对孩子时松时紧，这样会让孩子无所适从。

4 允许孩子做错事、讲真话

想要孩子改掉不愿认错的缺点，父母就要允许孩子做错事、讲真话，并且在孩子认错之后要表扬孩子。

如果不给孩子澄清、解释的机会，孩子就会想办法编造谎话以逃避惩罚。

既然明白了孩子撒谎的原因是为了逃避父母对他们的责备，那么，父母在批评和责罚孩子之前，如果能及时和孩子进行沟通，让孩子把自己认为正确和错误的行为都告诉父母，然后父母帮助孩子分析哪些是对的，哪些是错的，耐心细致地给孩子讲解，分析他哪些地方做错了，为什么会错，这样做会有哪些危害，这样孩子不仅懂得了道理，而且会十分容易接受父母的批评。父母对孩子没有了责骂，孩子有什么错误就不怕跟父母说了，那么孩子自然就不用说谎了。

所以，父母要想改变孩子说谎的毛病，就必须关注孩子谎话背后的恐惧心理。父母最好能放下长辈的架子，站在孩子的角度，设身处地想一想：孩子为什么要撒谎？父母对于不诚实的孩子，不能总是责备，更不能进行讥讽、打骂，那样对孩子的心理只会雪上加霜。父母应该注重和孩子的沟通，如果父母能成为孩子的情感归宿，孩子自然就会跟父母讲心里话了。

○ 拯救孩子的虚荣心

当今社会，父母总是担心孩子受委屈，于是对孩子有求必应。孩子想要什么，就买什么。别的孩子在玩什么玩具，自己的孩子也得买，绝不能让别的孩子把自己的孩子比下去。于是，在父母无意识的纵容下，孩子的欲望也会无限地膨胀。

父母对独生子女的溺爱非常严重，除了物质方面的，他们在说到孩子的时候总是爱讲孩子的优点，掩盖孩子的缺点，甚至在亲朋好友面前总是夸耀孩子，孩子听到的都是赞美的声音，很少有人指出孩子的缺点和不足。由于受到年龄的限制，孩子的心智还不成熟，对自己不能做出客观的评价，他们相信父母的绝对权威，因此，孩子慢慢地从父母口中的"十全十美"变成自己心中的"十全十美"。

　　在父母不正确的影响和教育下，孩子逐渐形成虚荣的心理，自己什么都要比别人好，容不得别人超越自己，这对孩子的成长是不利的。13岁之前的孩子辨识能力不强，由于受到周围环境的影响，他们很容易就会产生虚荣心理，继而出现攀比行为，而这种行为常常会越演越烈，等父母发现孩子行为不妥，想要改变时就晚了。

　　一般来说，孩子的虚荣心常常表现为下列几种行为：

　　1.比美：通常发生在女孩之间，当然男孩也会有类似的比较。比如孩子们挑新衣服穿，看见别人穿了一件新衣服，他就一定要买件更漂亮的；穿了新鞋，总想在大家面前展示一下，于是故意伸着脚，希望被人注意到，进而得到夸奖。

　　2.比富：许多孩子喜欢在别人面前炫耀自己的新玩具、家里的汽车、新电器，他们有时也会对别人说爸爸坐飞机去了哪里，还给自己买回来什么好东西，妈妈带着自己到哪个豪华的餐厅吃了饭等。

影响孩子虚荣心的因素

　　影响孩子虚荣心理的因素是多方面的，父母只有找到造成孩子虚荣心的因素，才能找到帮孩子改正的方法。

　　社会上的不良风气会对孩子造成很大的影响，尤其是大人间盲目攀比的现象，会在孩子的头脑中形成挥之不去的坏印象。

　　父母本身的攀比行为会直接影响孩子的虚荣心理，许多父母常常会无意中在孩子面前显出虚荣的言行。

　　父母对孩子的评价方式不当，以及经常满足孩子的无理要求，也是造成孩子虚荣心理的重要原因。

　　虚荣心的滋生，制约了孩子以后正确的人生观、价值观、世界观的形成，所以，父母应及时加以引导和纠正。

3.比"能"：这与父母日常的夸奖有关，许多孩子习惯于被夸奖，就会以"神通"自诩，认为自己什么都会。常对别人的能力嗤之以鼻，会在别人面前说："这有什么厉害的，我早都会……"这样的孩子爱听表扬，却受不了别人的批评。他们做什么都喜欢赢，输不起，只要别人比自己好，就会大哭大闹，心理失去平衡。

姗姗上小学三年级，学习成绩非常好，更是多才多艺，深受同学和老师的喜爱。对于这个宝贝女儿，父母感到十分骄傲，他们总是尽量满足女儿的需求。姗姗非常要强，什么都要最好的，自己的学习好不算，还要穿得好，用的东西也要好，不能在同学面前丢了面子。因此，姗姗经常要求爸爸妈妈买这个买那个。只要发现同学有了什么好东西是自己没有的，姗姗就非让爸爸妈妈给自己买，而且要买更好的。由于就这么一个女儿，爸爸妈妈都一直随着姗姗的性子。可是，他们却没有想到，这样的纵容让姗姗逐渐形成了虚荣心理。

一天，老师通知班里要办期末联欢会，要让自己的爸爸或妈妈来参加。这是第一次开联欢会，大家都很兴奋，但是姗姗却高兴不起来。以前，学校里有什么事都是爸爸来的，但是最近几天爸爸出差了，还没回来，妈妈是商场里卖鞋的销售员，要是妈妈来参加，被人认出来的话，那自己可要丢人了。原来，姗姗为了面子，跟同学说自己的爸爸妈妈都是公司的高管，待遇十分优厚。

　　想来想去，姗姗想到一个好办法：找大姨帮忙。姗姗的大姨是一名医生，姗姗觉得当医生特别体面，而且姗姗还要求大姨一定要开着姨夫的车去学校，这样自己才会有面子。妈妈听到姗姗的大姨和自己说了姗姗找她帮忙的事之后，不禁十分伤心，更是感到焦虑和担忧：姗姗这么小就如此虚荣了，以后可怎么办啊？

　　从上面的例子我们可以看出，姗姗之所以会形成虚荣心理，与父母的教育脱不了干系。许多父母和姗姗的父母一样，认为家里只有这么一个孩子，自家的经济条件还不错，就会对孩子的要求来者不拒，从小给孩子买一些高档玩具、名牌服装，并且喜欢在吃、穿上让孩子"高人一等"，而不注意培养孩子的内在修养和品德教育，有的父母甚至会给孩子大额的零花钱来显示自己的富有和对孩子的宠爱。父母对孩子一味地"吹高""捧高"，从来不舍得让孩子经历任何挫折。在这样的家庭环境和教育之下，孩子形成虚荣心理也就不足为奇了。

　　众所周知，每个人多多少少都会存在一点虚荣心理，但是过分的虚荣于孩子的发展有百害而无一利。所以，当父母发现孩子有过强的虚荣心理时，应尽早采取必要的方法对孩子加以纠正，帮孩子走出虚荣的泥淖。

　　父母要注意孩子的心理变化，多给孩子讲道理，要让孩子

如何正确对待孩子的虚荣心理

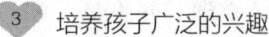 **1** 父母以身作则

父母是孩子的第一任老师，一言一行都会直接影响到孩子，因此，父母必须以身作则，为孩子树立榜样。

2 拒绝孩子的无理要求

许多父母在孩子无理取闹时，为了息事宁人而对孩子妥协，一次次的妥协会助长孩子的虚荣心理。

3 培养孩子广泛的兴趣

引导孩子了解和认识更多的东西，培养孩子广泛的兴趣。孩子的关注点转移后，就不会局限在和别人攀比上了。

需要父母注意的是，孩子的适度虚荣属于正常现象，只要不是虚荣心过盛就算正常。因此，父母对于孩子的虚荣心要正确区分，尽量做到对孩子宽容体谅。

明白：拥有名牌的衣物，并不意味着自己就拥有了较高的地位，只有依靠自己的努力取得成功，才能获得别人的尊重。父母要教孩子根据自己的需要来买东西，让孩子学会理性消费。适当的时候，可以让孩子知道家里的经济状况和整个社会的压力，这样孩子花钱就不会大手大脚了。如果父母的工作很辛苦，可以让孩子到父母的工作地方去亲身体验，让孩子明白挣钱的不易，从而让孩子懂得节俭的重要性。

总之，对于孩子的表现，父母要做公正的评价，应客观点评孩子的表现，不要过分夸大孩子的优点，也不要隐藏孩子的缺点。对于孩子的符合道德规范的行为，父母应该给予适度的表扬；对于孩子的缺点，则要及时指出并纠正。这样，孩子就会明白，自己并非十全十美，也是有不足之处的，那么孩子在以后的生活中就不会听不得批评了。

需要注意的是，要消除孩子过强的虚荣心理，并不是一朝一夕就可以完成的事情。在生活中，父母要以自己的一言一行引导孩子，并在恰当的时机让孩子感受到虚荣心过强所带来的烦恼和痛苦，孩子才能健康快乐地成长。

○ 自卑的孩子没有自信

有许多孩子，他们不相信自己的能力，总是害怕在做事时失败，在学习或社会交往活动中也表现出一定的退缩举动。这样的孩子，在完成任务时，只要遇到一点儿挫折，就会轻易放弃。

在面临比较困难的事情时，无法说服自己着手去做。虽然他们十分渴望成功，但是由于对自己缺乏信心，他们往往会认为自己不行，就算努力去做也是白费力气，失败了还会让人看笑话，不如早早退出或是干脆不做的好，因此，他们不会参加任何具有挑战性的活动。这样的孩子在集体生活中能不露面就绝对不会露面，他们平时很少主动与同伴交流。一般来说，这样的孩子没有太多的朋友，或者他们会过分依赖于某一个能保护自己的同伴。这种对自己没有信心的孩子，内心往往是自卑的。

从心理学的角度来看，自卑属于一种性格缺陷，具体表现是对自己的能力和品质评价过低，对自己缺乏正确的认识。孩子过多地否定和贬低自己而抬高别人，影响了对自己正确、客观的判断，如果孩子不能客观、正确地看待自己和周围的人和事，就会影响到孩子的健康成长。

这种自卑的心理在日常生活中具体体现为胆小懦弱，办事无胆量，畏首畏尾，随声附和，没有主见，一做不好事就会认为是自己能力不足，从而陷入自我谴责的泥潭中不能自拔。在这种性格缺陷的作用下，孩子就会像一株生长在阴暗角落里的含羞草，终日见不到光明和希望，只能自怨自艾。

自卑对孩子的健康发展是极其不利的，长久下去，孩子将会丧失勇气和信心。一旦孩子对自己某方面的能力丧失信心，可能就会连带着对自己其他方面的能力也丧失自信，最后造成多方面甚至全面的否定。如果发展到严重丧失自信心的地步，孩子还会

孩子不自信的原因

　　找到孩子自卑心理的根源，再加上正确的教育方式、方法，就能够帮助孩子从不健康的心理状态中走出来。而孩子自卑是由于他们的不自信造成的，那么，孩子为什么不自信呢？

1　学习中遭受了打击

　　比如考试没有考好时，父母和老师的责备会让孩子倍感压力。在重压之下，孩子难免会丧失信心。

2　身体上有缺陷

　　有些孩子因为相貌丑陋、身材矮小或身体有残疾等，就会把自己封闭起来，进而对自己失去信心。

3　错误的比较

　　有的孩子总是拿自己的短处和别人的长处比较，在比较中觉得自己不如别人，便会越来越没自信。

　　当然，有的孩子在生活和学习中遇到的挫折与失败太多，做事成功率低，以至于认为自己什么都做不好，从而缺乏自信心。

出现更多生理上或心理上的异常表现。所以，父母一旦发现孩子有了自卑心理，应及时并且彻底帮助孩子脱离自卑的阴影。

然而，许多父母由于忙于工作，很少会注意到孩子心理发展，或者是有的父母根本无法理解孩子的这种心理，更谈不上尽早发现和及时补救孩子的缺失。更有甚者任由孩子的自卑心理伴随孩子成长，他们不知道这样不仅会使孩子得不到很好的成长，还会给孩子成人后的生活带来更大的痛苦和折磨。

张林已经上初中了，他的成绩非常不错，但是胆子小，上课不举手，极少发言，就算是老师点名让他来回答问题，他也是支支吾吾，明明知道答案，但是他却像是不知道一样表现得非常害怕，他在班里做别的事情也是这样畏畏缩缩的。

平日在家里，妈妈有时忙，让他帮忙接一下电话，他则拿着手机不敢说话，即使说了，声音也特别小；如果家里来了客人，张林就会躲到自己的房间不肯出来，就算访客中有和他年龄相仿的孩子，张林也不会出来和对方玩。

妈妈看到张林这样胆小，就到学校和班主任商量如何改变他这种自卑胆小的状况。

于是，班主任特意找张林谈话，希望他当副班长，可是张林死活不肯，一副不知所措的样子。班主任坚持让他做副班长，张林竟然哭了起来，班主任只好作罢。

班主任建议张林的妈妈先找到孩子自卑的根源，这样才能对症下药。原来，张林从小体弱多病，妈妈几乎是含着泪水看着他长大的。为此，妈妈还辞去了工作，专门在家抚养张林。妈妈觉得自己为这个孩子付出太多了，因此，对张林抱有很大的期望，对他的要求非常严格：不允许他做错事，不允许他贪玩，更不允许他的成绩落于人后。妈妈完全用一个完美的标准来要求张林，只有在他表现得非常优秀的时候，妈妈才会感到高兴。如果他没有表现好，妈妈就会很生气，就会用打骂、挖苦、吓唬等手段来"教育"张林。久而久之，张林自己就不愿意出去玩了，也不愿意说话了，每天就是自己待在房间里学习。刚开始，妈妈感到十分欣慰，觉得张林特别懂事，知道自己主动学习，然而，时间长了，孩子就变成现在的样子了。

通过上面的这个例子，我们可以了解到父母对孩子自卑心理的形成有很大的作用。13岁之前的孩子，还不能客观地对自己进行评价，他们更多的是通过父母的结论来认识自己。因而，父母的态度和评价对于孩子自卑心理的产生，具有重要的诱发和强化作用。张林就是这样的一个例子，妈妈在他表现不好的时候总是打骂、挖苦、吓唬他，这让张林觉得自己不够优秀，因此逐渐产生了自卑心理。

在父母看来，孩子似乎永远都是无忧无虑的，因为自己把孩子照顾得很好。事实上，孩子也有孩子的苦恼，自卑就是其中最可怕的一种。实际上，许多孩子在生活上和学习上都处于困境

激发孩子的自信心

自信心对孩子的性格发展十分重要，那么，父母怎样才能让孩子学会自我激励，学会肯定自己呢？父母可以尝试以下几种简单可行的办法。

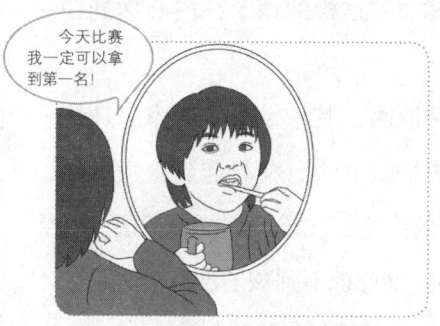

1 让孩子学会自我暗示

让孩子对自己说"我能行"之类的话，从而获得积极的心理暗示。

2 改变赏识用语的主语

在你对孩子的赞扬中改变主语，把"我"改成"你"，把父母对孩子的赏识改成孩子对自己的赞扬。

3 强化孩子的自我激励

把孩子对自己的肯定加以强化非常重要，可以让孩子写一篇成功日记，或自己设计一份奖品。

当孩子在某件事上失败了，在进行自我激励时，父母更要鼓励他去肯定自己，这样可以帮助孩子缓解紧张的情绪和压力。

中，这都是因为他们对自己的信心不足造成的，他们时刻会感到自己比别人差。自卑的孩子通常会认为自己在某一方面或多个方面不如别人，甚至样样不如别人，他们常以怀疑的眼光看待自己，而且对周围人的言行、态度的反应格外敏感。这样的孩子在内心深处往往隐藏着永不消散的愁云。

孩子自卑心理的形成有着多种原因，其中主要是受家庭环境的影响和他人对孩子的态度这两方面。其中，父母起到很大的作用。也就是说，对于孩子自卑心理的产生，父母往往要承担很大一部分的责任。但是在现实中，许多父母意识不到孩子没有信心是他们造成的，他们对孩子的这种心理，不去教育，也不去引导。

如果孩子有了自卑心理却得不到及时的纠正，不仅有碍于孩子的健康成长，还会因为这些不良的情绪而影响到孩子未来的家庭。要改变孩子的自卑、不自信，最忌讳的就是用批评、斥责的语言对待孩子，这种做法只能适得其反。父母应该随时随地用语言鼓励孩子去做一件事，如果孩子成功了，就多加赞赏；即使不成功，也要想方设法使孩子对失败不要有太大的压力。并且在做事的过程中找孩子的优点，使孩子有信心面对事情，这样才能充分发掘孩子的优势和潜能。

只要在矫正孩子的自卑心理时，给孩子多些赞赏和鼓励，孩子就会慢慢变得有胆量面对困难。孩子有信心了，他的胆子就会大起来，做事就会有主见，一个自信又能干的孩子就会出现在你们的面前。

第二篇

成长期孩子能力的培养

第一章
良好的社交能力助力孩子成长

○ 孩子没有倾听的耐心

在日常交往中，"听"居于非常重要的地位。善于倾听他人意见的人，与他人的关系也会很融洽。因为倾听本身是褒奖对方谈话内容的一种方式，能够耐心倾听对方的谈话，等于告诉对方"你是一个值得我倾听你讲话的人"。

随着孩子的不断成长，他们需要懂一些交际技巧，而倾听无疑是最重要的一项交际技巧。对于孩子来说，他们的心理发展还不成熟，自我控制能力和情绪控制能力还比较差，很难做到耐心倾听别人的谈话，他们总是率性而为，想到哪里说哪里，不管对方是不是正在讲话。显然，这无论是对孩子的人际关系，还是对孩子良好个性的养成都是十分不利的。

要想让孩子学会倾听，就应先培养孩子的耐心。然而，对于心理发展不成熟的孩子，尤其是低龄儿童来说，他们喜欢探索、实践，但是在活动中又常缺乏耐心，就更别说是要对别人的讲话耐心倾听了。他们往往刚开始兴趣十足，但只有三分钟热度，孩子很快就失去耐心了。其实，这和孩子的注意力不集中有一定的

培养孩子的倾听能力

倾听是人际交往中一项重要的交往技能，也是孩子综合素养的体现，培养孩子的倾听能力，会对孩子的人生产生不可估量的正面作用。

1 教给孩子倾听的礼仪

在倾听的时候要保持安静，看着对方的眼睛，注意自己的表情和姿势，还要做出相应的反应等。

2 教孩子学会提问

恰当的提问方式可以帮助孩子把说话的机会让给别人，更能引导对方畅所欲言。

3 做恰当的评价者

恰当的评价是培养孩子的重要手段，适时的赞扬可以让孩子品尝成功的喜悦，获得满足感。

孩子认真倾听的习惯不是一朝一夕就能养成的，这是一个长期的过程，需要父母经常的提醒和长期的指导才能培养训练出来。

关系。每个年龄段的孩子，注意力集中的时间长短都有所不同。如果孩子集中注意力的时间太短，那就很难做到倾听别人讲话这件事。

在心理学上有一个半途效应，说的是人在激励过程中达到半途的时候，由于心理因素以及环境的交互作用而导致的对于目标行为的一种负面影响。具体到孩子身上，就是指事情做了没多长时间，想到其他事情了，他就会放弃现在的事情，或者遇到一点儿困难就会停止。在倾听这件事上，孩子刚开始的时候可能在认真听，但是如果自己想到了别的内容，或者身体、环境出现了影响因素，孩子就会对倾听失去耐心。

针对孩子没有倾听的耐心这种情况，父母可以利用日常生活中的一些小事来引导孩子，先培养孩子耐心、认真做事的习惯，让孩子形成良好的做事态度，再逐渐转移到耐心倾听上，让孩子学会倾听。

寒寒已经上幼儿园了，他学会了很多的知识，还会唱歌、讲故事。于是他整天缠着妈妈，让妈妈听他讲故事或者唱歌、背古诗。妈妈忙的话，就让寒寒去找别的家人，寒寒就会把目标转移到别人的身上。爸爸妈妈也没有特别在意，认为这么大的孩子本来就是十分爱表现自己的。

但是最近一段时间，妈妈却十分忧愁，因为寒寒总是喜欢自己说，想什么时候说就什么时候说，当别人说话的时候，寒寒也不认真听，还不时地插话，或者去干别的事，就算是妈妈在教育他的时候，寒寒也会经常走神。

有一次，家里来了客人，是妈妈的同事。起初，妈妈和同事在聊天，寒寒在一边玩玩具。过了一会儿，寒寒不顾妈妈正在和客人讲话，就直接上前打断妈妈，说是自己拿水果吃，妈妈给了他水果之后，他坐在妈妈身边，时不时地插上两句，让妈妈感到十分尴尬。

有一天，妈妈去幼儿园接寒寒，老师告诉妈妈说寒寒最近听讲不认真，总是打断老师讲课，弄得课堂秩序很不好，希望家长可以帮助教育一下寒寒。妈妈这才意识到了问题的严重性，但是妈妈却不知道用什么方法才能让寒寒好好听别人讲话，不要心不在焉，也不要插话抢话让对方无法完整表达自己的意思。

在日常生活中，我们往往会发现许多孩子善于表达自己，就像寒寒一样，说起自己的事情滔滔不绝，但是他们却不懂得倾听，甚至不愿意倾听别人的建议和忠告，所以他们无法在人际交往中体现出真诚的态度。

其实，每一位父母都应该培养孩子倾听的习惯。尤其是对于那些只善于夸夸其谈、只顾表现自己的孩子，更要让其学会倾听。倾听他人说话是孩子必须具备的美德，孩子要与人融洽相处，流畅交流，就应先学会倾听。在倾听的过程中，孩子不仅可以学到更多的知识，更能学到为人处世的原则。

而要让孩子学会倾听，必须先培养孩子的耐心。孩子的年龄小、注意力不集中，自我控制能力差，这些都有可能让孩子失去耐心。因此，父母要帮助孩子排除各种可能导致孩子失去耐心的因素，让孩子学会全神贯注地做事情。这样，孩子在与人交谈的

培养孩子的耐心

要想让孩子学会倾听，就必须让孩子有耐心。那么，父母怎么做才能培养孩子的耐心呢?

营造能让孩子全神贯注做事情的环境，孩子心理不成熟，很容易受到外界的干扰，父母要给孩子创造安静、简朴的环境。

明确具体的要求，可以让孩子知道为什么要这样做，以此激发孩子产生集中注意力去完成的愿望，促使孩子做事有始有终。

平时，父母应该把更多的精力放在孩子身上，在孩子表现出不耐烦、想要转移注意力的时候及时提醒孩子，让孩子把一件事情坚持到底。

时候，就可以集中精力，做到认真倾听了。

另外，在孩子专心致志做某件事的时候，父母尽量避免干扰孩子，并让孩子远离像玩具、食物、电视等容易分散注意力的因素，只有这样，才能让孩子更专心。当孩子对某件事表现出浓厚的兴趣时，父母要适时引导、鼓励孩子坚持下去，久而久之，孩子就会变得更有耐心。

值得注意的是，孩子的许多习惯都能从父母的身上找到影子。为了让孩子学会倾听，父母要特别注意言传身教，要做一个耐心、专心、悉心的倾听者。当孩子说话的时候，父母要专心倾听，无论孩子说的是对是错，是流畅还是吞吞吐吐，父母都不应该在孩子说话时做其他事，或是轻易打断孩子。在倾听孩子讲话时，父母一定要端正态度，千万不要一副表面上倾听、实际上千方百计想出理由来反驳孩子的样子，如果父母完全不顾及孩子的感受，总是否定孩子的想法，这样，孩子便不会再主动与父母交流了。

○ 孩子变得比小时候自私，不喜欢分享

有句话说"送人玫瑰，手留余香"，送花的人不仅分享了玫瑰的花香和美丽，还收获了友情和快乐。乐于分享是孩子应该具有的良好品质。不会分享的孩子往往不合群，在社交上也不会顺利。孩子因为不被同伴接纳而感到孤独，渐渐地，孩子就容易封闭自己。

现在的孩子大多数都是独生子女，他们从小独自拥有食物、玩具、空间，还有父母全部的爱，没有和兄弟姐妹分享一切的机会。在这样的环境下，孩子很容易成长为自私霸道的人。所以，父母要重视和培养孩子与人分享的习惯。

但是，有的父母把孩子不懂得分享看成是孩子的品行问题，其实这是完全错误的。孩子的"自私"是他们学会分享的必经之路，他们要经过这样一个心智成长的过程，才能慢慢领悟，学会分享。

因为孩子在一开始懂事，先建立的是"所有权"的概念，开始明确我、我的、我的东西。在孩子的心中，所有拿到自己手里的东西都是"我的"，他们意识不到别人也有"我的"，也不明白为什么要和别人分享。父母可以先让孩子分清楚哪些是"我的"，哪些不是"我的"，然后孩子才能在一个不断重复和练习的过程中，逐渐体会到分享的快乐。

孩子在起初的认知中，没有"借"与"还"的概念，只是认为东西一旦离开自己就不再属于自己了。当然，拿到自己手里的东西自然就成为"我的"，不肯归还。所以，父母应该先让孩子明白"分享"不是"失去"而是"互利"这个道理，父母在让孩子感受爱的温暖和快乐的同时，也要帮助孩子学会爱别人、帮助别人。

在孩子不喜欢与人分享这件事情上，父母可以先对孩子提出较大的分享要求，孩子不答应的时候，父母再提出较小的要求。

孩子不愿意分享的原因

根据心理学分析，孩子不愿意分享的原因主要有以下三点：

其一，孩子的占有欲强，是他的东西就不允许别人碰。

其二，孩子不懂"借"的意义，生怕自己的东西一借给别人就不再属于自己了。

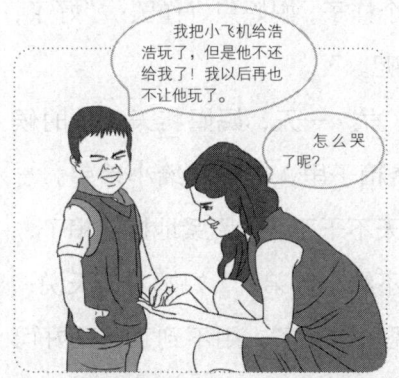

其三，孩子以前借东西给别人，有东西被弄坏或没有还回来等不愉快的经验。

　　了解了以上几种原因之后，父母要判断孩子的小气是属于哪一种原因，然后再调整教育方式和方法，适当引导，就能逐步帮孩子调整。

一般来说，孩子就会接受这个较小的要求了。

天天3岁了，上幼儿园小班，他可是家里的宝贝，大人们都对他宠爱有加，什么好吃的好玩的全都给他留着。所以，天天认为：家里的好吃的好玩的都是他的。他从来不与别人分享，即使是爸爸妈妈也不行。

有一次，妈妈买了一大袋糖。天天很喜欢吃，就拿着袋子不放手。妈妈觉得糖吃多了对牙齿不好，就对天天说："宝贝，你有这么多糖，给妈妈吃一个吧。"天天把糖紧紧地抱在怀里，就是不肯给妈妈。妈妈开导天天说："妈妈对你那么好，疼爱你，还照顾你，你就不能给妈妈吃一个吗？"天天听后，觉得很委屈，眼泪都要掉下来了。见到天天这个样子，妈妈只好作罢："好了，好了，不哭啊，妈妈跟你开玩笑呢。"

叔叔家的小弟弟比天天小1岁。一天，妈妈将天天小时候的衣服、鞋子和玩具都装到一个箱子里，准备送给小弟弟。一听说自己的东西要送给别人，天天不干了。他紧紧地抱住箱子，说道："这是我的，这是我的，不给小弟弟。"妈妈对天天说："这些都是你小时候的东西，现在你大了，用不到了，正好可以给弟弟。""我不，这是我的！"天天仍然不同意，抱着箱子不肯松手，就是不让妈妈把这些东西拿走。最后，送的这包东西也搁浅了。

在幼儿园里，天天也非常小气。幼儿园的老师经常对天天

如何教会孩子懂得分享

根据心理学分析，孩子不愿意分享的原因主要有以下三点：

1 告诉孩子分享的好处

让孩子懂得通过分享可以交到更多朋友、会更受欢迎等好处，孩子逐渐就会愿意分享了。

2 父母要与孩子分享

孩子和父母分享时父母如果拒绝，久了孩子就没了谦让和与人分享之意了。

3 父母要言传身教

父母在日常生活中慷慨大方，乐于与亲朋好友分享，自身的良好行为会潜移默化地影响孩子。

一个乐于分享的人，自然就能收获朋友、收获快乐以及别人的帮助。所以，父母应该积极帮助孩子学会分享。

的妈妈说，天天不随便拿别人的东西，但是他也不让别人拿他的东西。有时候，同桌的文具没有带全，想向天天借画笔或者橡皮，天天怎么都不肯借给别人用。见天天这样不懂得分享，妈妈真的不知道该怎么办了。

——————————————————————————————

　　孩子不懂得分享、不懂得礼尚往来、不懂得拓展良好的人际关系，往往让父母觉得既尴尬又生气，他们认为孩子小气，同时也担心孩子在以后的待人处世中能力不足。其实，这不只是孩子个人的问题，也与家庭的教育有关。就像例子中的天天一样，他是家里的独生子，很容易养成吃"独食"的习惯。因为缺少与手足、朋友分享的机会，再加上父母对孩子的溺爱和过度满足，这都可能会造成孩子以自我为中心的自私性格，孩子只从自己的角度考虑问题，不会顾及周围人的感受。

　　虽然自私是孩子成长必经的心理阶段，但是父母还是要对孩子进行引导，帮助孩子及早学会分享，对孩子偶尔表现出的分享行为应表示赞赏和鼓励，从而强化孩子的这一行为品质。父母要帮助孩子从一点点的分享行为发展到不断地、自发地产生分享的动机和行为。

　　比如，孩子拿着食物递到父母嘴边的时候，父母一定要吃一口，然后称赞孩子："宝宝能把自己的东西给爸爸（妈妈）分享，真是好孩子！"当然，父母除了言语赞美，还可以用赞许的眼神、灿烂的笑容、微笑点头等方式赞美孩子的分享行为，这些都能让孩子感受到很大的鼓励，从而进一步强化孩子的分享行为，使他们能自觉与别人分享。如果孩子还不懂得分享的意义，父母一定要有耐心，慢慢引导孩子，切忌因为一块饼干、一个玩具就给孩子贴上自私的标签。

另外，在教育孩子让其与别人分享某些东西的时候，父母应该用商量的口吻和孩子谈，让孩子心甘情愿地与他人分享，千万不能强迫孩子。如果强迫孩子把自己的东西和别人分享，孩子在不情愿的情况下把东西分给别人，会对孩子造成心理伤害，给孩子带来巨大的恐惧感和危机感，还有可能会让孩子产生这样的想法：我的东西被强行分给了别人，我也可以强行得到别人的东西。如此一来，分享就变成了不情愿的交换，甚至是霸占，进而产生适得其反的效果。这样，在以后的生活中，孩子会把自己的东西看护得更紧，使孩子与父母之间产生隔阂，进而影响亲子关系。

孩子是自己东西的主人，所以，父母在教育孩子的时候，不能要求孩子把自己的东西进行无限分享。父母可以教给孩子分享的好处，例如，分享能够表示友好，可以交到更多的朋友，等等。

○ 孩子学会了骂人

骂人是一种极其不文明的行为，轻者有伤和气，重者会引发他人的怨恨和报复。

造成孩子骂人的原因

孩子在成长的过程中多多少少都有过骂人的经历，一般来说，造成孩子骂人的原因主要有三个：

其一，孩子没有是非观念，别人骂人，孩子也跟着学，这是孩子学会骂人的一种普遍原因。

其二，有的父母平时就爱说脏话，不注意自己的言行，孩子受其影响，也学会了说脏话。

其三，被迫骂人，小伙伴之间发生了矛盾，或者受了欺负，孩子便以牙还牙，借骂人来发泄自己的不满。

在孩子两三岁的时候，由于年龄小，孩子的模仿能力以及好奇心都比较强，有时在听到别人说了一句脏话之后，他们其实并不清楚这句话的意思，只是纯粹想模仿大人，于是就跟着学说脏话了。由于孩子不明白这句话的含义，也没有意识到自己说话不文明。但是，如果孩子在说这句脏话的时候，能引起周围人的大笑，那么孩子肯定会认为自己说的话很好玩、很有趣或者这样能引起别人的注意，因此就会出现"越不让他说，他却说得越厉害"的情况。

由于孩子并不理解脏话的含义，如果父母不加以制止，不及时纠正，让孩子养成了说脏话的习惯，等孩子懂得所说脏话的意义之后，他们就已经形成了固有的说话习惯，那个时候再让孩子改正就更难了。对此，父母一定要引起重视，从一开始就要纠正孩子骂人的习惯。

父母应该采取一些有效的措施来制止孩子说脏话，比如，父母可以给孩子讲讲道理，虽然这个年龄段的孩子可能听不懂太深奥的道理，但是如果父母用孩子能够理解的语言来讲一些浅显的道理，孩子还是能够听懂的。父母还可以告诉孩子说脏话不仅是一种不文明的行为，而且是缺乏教养的表现。具体来说，父母可以这样告诉孩子："说脏话的孩子不是好孩子，妈妈会不喜欢的，叔叔阿姨也会不喜欢的。"这样简单的语言，孩子是可以理解和接受的。

在制止孩子说脏话的时候，父母也要注意自己的态度和语

如何纠正孩子骂人的习惯

孩子刚开始骂人的时候，只要父母对孩子进行正确的引导，就可以把孩子爱骂人、说脏话的行为消灭于萌芽状态。

1 净化家庭语言环境

父母平时注意文明用语，待人和气，给孩子提供一个良好的语言环境，这有利于纠正孩子骂人的习惯。

2 适当忽略

父母对孩子说脏话的过度反应会让孩子觉得这样很有趣，就越会说。适当忽略，可以避免强化孩子的这一行为。

3 让孩子学会尊重他人

父母在平时要训练和督促孩子尊重他人。这样才能从根本上杜绝孩子骂人的行为。

教会孩子文明表达自己的想法，帮孩子把不文明的语言过滤掉，坚持正确、及时的引导，逐步纠正孩子骂人的不良习惯，让孩子健康成长。

气，虽然要及时使用严厉的语气制止孩子，但是需要的时候，父母一定要用礼貌性的词语，比如"请你不要再说这样的话""我不希望再次听到你说这样的话"等。这样的语言，可以给孩子一个心理上的反差，让孩子既明白父母的认真态度，也能感受到即使自己不满和愤怒，也应当用文明的语言来表达。我们大家都知道，父母是孩子的第一任老师，家庭教育对孩子的成长十分重要，在孩子年龄小、心理发展不成熟的时候，父母的影响力对孩子至关重要。因此，父母在孩子面前，应该时刻注意自己的行为举止，时刻给孩子做良好的示范。

小雪上幼儿园小班了，她学会了很多本领，但是，也学会很多不好的行为习惯。最近，妈妈发现，小雪时不时就会冒出一两句脏话来。刚开始，妈妈很震惊，家里人没有说脏话的习惯，不知道小雪从哪里学来的。后来，妈妈去接小雪放学的时候，注意了一下幼儿园的孩子，发现许多孩子都会说脏话，看来小雪就是在幼儿园学来的。

有一次，表姐来家里找小雪玩。由于表姐长得胖乎乎的，小雪也不喊"姐姐"了，直接喊表姐"猪猪"。表姐的小脸一下就红了，但是内向害羞的表姐只能默默接受小雪没有礼貌并且带有讽刺性的称呼。小雪和表姐一起玩赛车的游戏，她们一人一个遥控小汽车，看谁的小汽车跑得快。表姐没怎么玩过遥控小汽车，总是输给小雪。每当表姐输了的时候，小雪都会说：

"哎呀，你这个大笨猪。"最后，气得表姐不跟她玩了。

一天晚上，已经过了上床睡觉的时间了，小雪还赖在沙发上看电视。妈妈走过来，对小雪说："小雪，不要看电视了，该去睡觉了。"谁知，小雪张口就说："我就要看，你给我滚开！"妈妈没想到女儿竟然敢骂她，一把拉起小雪就往卧室里拖。小雪又怕又气，她在妈妈的大手下挣扎着，嘴里还不断地哭喊着："大坏蛋，妈妈是个大坏蛋！""你再说妈妈是大坏蛋，妈妈就打你了。"尽管妈妈这样说，但是小雪仍然没有停止说脏话："你就是个大坏蛋，大坏蛋……"

小雪这样出口成"脏"，越不让她说脏话，她就说得越起劲，即使被父母教训一顿也无济于事。

一定有许多父母都有小雪妈妈的经历，孩子爱骂人的行为让大人很是头疼。其实，每个孩子在成长的过程中都骂过人，小孩子之所以会说脏话，都是跟着别人学的，他们即使不知道什么意思也会学。就像小雪，以前不会说脏话，上幼儿园之后跟着别人就学会了说脏话。一旦父母发现孩子说脏话了，应及时纠正，并加以劝诫，让孩子不学样，这样才有利于孩子的健康成长。

另外，如果父母发现孩子身边有哪个小朋友爱说脏话、爱骂人，应该及时阻止孩子和这样的小朋友玩耍，让孩子尽早远离不良的语言环境，一旦杜绝了脏话的来源，切断了脏话的传播渠道，孩子就不会再说脏话了。

教会孩子自己处理矛盾

父母应该在日常生活中教会孩子自己处理矛盾，这样做比直接介入对孩子的成长更有益处。

教孩子学会分析问题的根源，自己想办法解决，让孩子能够懂得再碰到类似问题该如何解决。

纠正孩子的错误做法，这样有利于孩子自己处理矛盾。孩子如果缺乏主见，父母就应该鼓励孩子说出自己的想法。

培养孩子关爱他人、宽容他人的品质，这样孩子之间产生矛盾的现象就会逐渐减少。

○ 让孩子学会自己处理跟同学的矛盾

如何处理人际关系，是孩子适应社会必须学会的技能。然而，如今的父母对孩子十分溺爱，对于孩子的保护也过重，他们不愿让孩子受到一丁点儿的委屈。于是，许多父母总是替孩子解决问题：孩子在幼儿园或学校受了委屈，父母找老师、找校长告状；孩子被别的孩子欺负了，父母找对方的父母理论……做家长的生怕孩子会吃亏，便插手孩子的一切事宜。然而，这并不利于孩子的心理成长。

孩子在13岁之前的是非判断能力不是很强，对于年龄小的孩子更是如此，如果父母一味地袒护孩子，会让孩子认为自己怎样做都是可以的，因为父母可以帮自己解决一切问题。久而久之，孩子就会逐渐养成专横跋扈、自私自利的性格，渐渐地，别的小朋友就不愿意跟他玩了。时间一长，孩子就会觉得孤独苦闷，不知道怎样才能和别人友好相处。一旦孩子被孤立，就很容易造成孩子孤独、自闭的心理，这对孩子的成长十分不利。

如果孩子之间一发生冲突，父母就去干涉，这就会剥夺孩子自己思考问题、解决问题的权利，只会让孩子对父母产生依赖感，什么事都要父母替自己解决。长久下去，孩子的心理承受能力会越来越低，甚至会产生自卑的心理。

其实，孩子的心理与大人是不同的，许多孩子刚还在吵架，但是抹完泪水就又一起玩了，但是大人之间却会记仇，短时间内，关系是无法缓和的。所以，用大人的处理方式来处理孩子之间的矛盾并不合适。很多时候，孩子之间未必有多大的矛盾，反而因为父母的介入使得孩子们的矛盾由小变大，甚至变质。

孩子之间产生矛盾是不可避免的，父母要让孩子学会自己处理矛盾，慢慢地，孩子的社交能力才会在实践中培养起来。父母包办代劳，事事为孩子出头，是不可能让孩子学到任何交往技能的。

所以说，成长是孩子自己的事情，父母是代替不了的，父母应该放手，让孩子自己去解决矛盾，并从矛盾中学习如何与别人相处。

英才是家里唯一的男孩，在他的上面有一个姐姐，伯伯家有两个姐姐。作为家里唯一的男孩，他从小就被姐姐们和爸爸妈妈、爷爷奶奶保护着。小的时候，每次他与同伴发生矛盾，父母都会想办法帮他"摆平"，不让他受半点儿委屈。

英才刚上小学一年级，一天放学，爸爸去接他回家。英才噘着嘴跟爸爸说小刚欺负自己了，爸爸仔细一看，发现英才的脸确实擦伤了，但是，小刚已经被家人接走了。第二天，爸爸去送英才上学的时候，在校门口正好碰到了小刚。爸爸指着小刚问英才："英才，昨天是他打的你吗？""就是他打我，他下手很重，打得我……"英才的话还没说完，爸爸就走到小刚面前，大声吼道："以后再敢打我儿子，看我怎么收拾你！"英才转身朝吓哭了的小刚做了个鬼脸，便进学校了。

孩子之间发生冲突的原因

孩子之间出现冲突是十分常见的事情，之所以会出现冲突，主要有以下4个方面的原因：

其一，物品的分配不合理，或者是为了争夺玩具等，都会让孩子发生冲突。

其二，孩子认为别人妨碍了自己，比如玩具被别人抢走或者位置被别人占了等。

其三，孩子之间的冲突由于竞争、嫉妒或者维护荣誉等原因，比如父母抱了别的孩子，他就会打这个孩子。

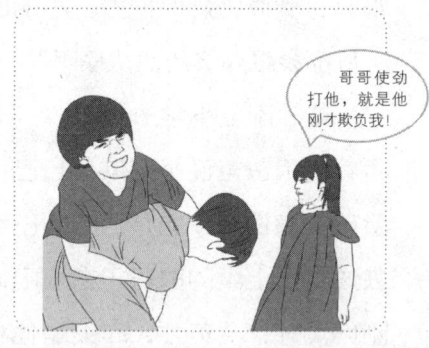

其四，出于正义感，比如有的孩子看到好朋友被欺负了，他就会为朋友打抱不平，等等。

之后，英才在外面一旦和别人发生纷争，就会哭着回家找爸爸妈妈帮忙。渐渐地，英才变得不可一世、专横霸道，别的小朋友都不愿意和他玩。英才觉得自己很孤独，但是又不知道怎么和别人相处，他总是用挑剔、苛责别人来维护自己脆弱的自尊心。于是，英才动不动就对人发脾气。在家里还好，家里人都随着他的性子来，但是在学校里，大家可不买他的账，同学们都不愿意和他交往，他总是受到大家的非议和排挤。最后，英才几乎完全被孤立在群体之外了。

从上面的例子我们可以看出，如果父母一手包办，经常替孩子解决问题，在孩子的心里便有了自己做什么都不用担心，因为父母能帮其解决一切困难的观念。父母一味地保护、偏袒孩子，而不去了解事情的真实情况，不放手让孩子自己去解决问题，最终受伤害的还是孩子自己。英才的悲剧不能不令我们反思，在英才小时候，他本来可以通过和伙伴之间的冲突来学习如何与人交往，但是父母剥夺了他成长的机会，以至于他在以后的生活中不懂得如何与人交往，更不能在与人交往的过程中处理自己与别人的矛盾，他没有学会谦虚合作，最终导致了性格的扭曲，引发了心理问题。

所以，当孩子和小伙伴之间出现问题的时候，父母应该冷静、客观地观察，不要急于出面，要让孩子有充分的空间和时间去发挥自己解决问题的能力。父母要相信，孩子的潜能是无限的，要相信孩子通过学习和实践，有解决问题的能力。父母要明白，许多时候，孩子间会争吵、推人等，这不仅是他们维护自身利益的一种条件反射，也是他们游戏的一部分。孩子之间产生的矛盾冲突是对事不对人的，并且孩子们也不会因此而记仇。

只要父母用心观察就会发现，孩子在处理冲突和矛盾的时候，会说出许多似是而非的道理。虽然孩子年龄小，但他们已经有了一定的道德准则，他们之所以会发生冲突，是因为他们觉得自己有理，这说明孩子已经有了初步的是非观念。虽然这种观念还包含着孩子"自我""任性"的心理，却能表现孩子真实的内心世界。所以，孩子在处理矛盾时，也是提高孩子表达能力和思维能力的大好时机。

在儿童发展心理学中，儿童语言的发展不是一个自发的过程，而是在社会生活条件下，特别是教育条件下进行的。如果孩子小时候没有融入小伙伴的群体，或者总是处于被人排挤的状况，那么孩子的语言表达能力就会相对较差。这是因为孩子在讲道理、说服对方的过程中，大脑需要不断地思考"说什么""怎么说"。为了抢占先机，孩子在快速组织语言的过程中逐步学会分析、综合、演绎、归纳等最基本的思维方式。所以说，在让孩子自己解决矛盾的过程中，孩子的语言能力也会得到很大程度的提高。也就是说，孩子为解决矛盾而吵架，这对孩子也并非只有坏处。

因此，父母应该尊重孩子的成长规律，让孩子在与同伴的冲

培养孩子的合作意识

13岁前是孩子性格、习惯、能力形成和定型的时期，在这个时期，父母一定要重视对孩子合作能力的培养。

1 为孩子提供合作的机会

比如邀请别人到家里来玩，为孩子制定游戏的规则，让孩子逐渐学会合作。

2 鼓励孩子多参加集体活动

多参加各种类型的团体活动，有利于培养孩子的合作精神。

3 体验合作成功的喜悦

当孩子有了合作行为，并有了一定的成果时，父母要及时给予表扬，让孩子体验到合作成功的喜悦。

突和矛盾中不断成长。这种经独自解决矛盾的经验会帮助孩子更好地认识他自己所处的环境，让孩子在独自处理矛盾的过程中，通过不断地探索与尝试，获得一种处理问题的方法，从而加速孩子的心理成熟。

○ 孩子不喜欢跟人合作

当今社会，人与人之间的合作是必不可少的。就孩子而言，他们在与人相处的过程中，最需要拥有的其实就是合作能力。

合作，指的是两个或两个以上的个体或群体为了实现共同目标或共同利益而自愿结合在一起，通过彼此间的相互配合，实现共同目标或共同利益的一种联合行动。对于孩子来说，合作就是在做游戏、学习的过程中，主动配合、分工合作，使得活动能够顺利进行下去，同时每个人都能从中实现自己的目标。

在现代家庭中，绝大多数孩子是独生子女，他们之间的合作互助行为较为少见，更常见的是孩子的自私、自利、霸道、专横等行为。

一谈起合作教育，有的父母就认为："只会合作不会竞争，肯定要吃亏！现在都是竞争的社会了，还谈什么合作？"殊不知，随着社会的发展，人与人合作的机会更多了，在当今社会，合作比竞争更为重要。

如何引导孩子学会与他人友好相处、学会合作是学校教育的重要内容，也是家庭教育永恒的课题。如果孩子不懂得合作，那么这将会严重制约孩子今后的发展。

长期以来，父母在教育孩子的时候，也会教孩子要有竞争意识，要取胜，要比同龄人更强。在这样的家庭教育下，孩子就会认为，帮助别人时自己就要有所牺牲，别人得到了，自己就一定会失去。其实，帮助别人就是在帮助自己，帮助别人也就是强大自己，别人得到的也并不是自己失去的。

奥地利著名心理学家阿德勒曾说过："一个缺乏合作精神和合作能力的人，其职业生涯、人际关系以及爱情婚姻方面都会出现严重问题甚至遭到失败。"如果孩子不懂得合作，在游戏或者学习的过程中，孩子间就会不断出现冲突和矛盾，如果只有冲突没有合作，孩子不可能学会真正的人际交往技巧。因此，无论是在生活还是在学习中，父母在教育孩子的时候，还是应该教孩子学会彼此合作。

贝贝是独生女，平常总是自己一个人在家里玩，或者和爸爸妈妈玩，很少到外面去和别的小朋友玩。

一个周日的上午，邻居家的果果来家里玩。即使果果来了，贝贝还是自己在玩积木，果果自己在玩一辆小汽车，两个人之间根本没有交流。贝贝想搭一座城堡，可是搭了几次，城堡都是还没有搭好就倒塌了，气得贝贝皱起了小眉头，然后把积木摔在了地上。

果果看到之后，走过来想帮忙，贝贝却不领情，一把就推开了果果。妈妈看见贝贝这么没有礼貌，就告诉贝贝："果果哥哥会搭积木，能够搭许多漂亮的城堡，你去请果果哥哥来帮帮你，好吗？""我才不要呢！"贝贝一边说着，一边把搭了一半的城堡全部推倒了。

过了一会儿，贝贝玩起了洋娃娃，她耐心地给洋娃娃穿上漂亮的裙子，然后还带着她去"购物"，"回家"之后，贝贝开始着手给洋娃娃做饭吃。于是，贝贝就把小碗、勺子、塑料刀等全套的仿真厨房用具都拿了出来，她还到厨房里面拿了几片菜叶子准备做饭。果果也想参与到做饭的游戏中来，就对贝贝说："咱们两个一起做饭吧，我来切菜。"贝贝还是不同意，噘着小嘴说："我自己切！"说着，就把果果手里的塑料刀拿了过来，自己切了起来。塑料刀不锋利，切起菜来特别不好用，实在切不动了，贝贝就用小手撕，但无论如何她就是不肯请果果来帮忙。

贝贝总是这样，一点儿合作意识都没有，虽然许多事情靠她自己根本就做不好，但是她也不肯和别人一起合作。妈妈想要改变她，却不知道该用什么办法才好。

在上面的例子中，贝贝的妈妈虽然想要改变贝贝，想让贝贝学会合作，但是却不知道该用什么样的方法。没有父母的方法指导，孩子就更难学会与人合作，所以，贝贝才什么事都不肯请别人帮忙。父母要培养孩子的合作能力，要教给孩子合作中的规则和技巧。

在自然界中有一种现象：一株植物单独生长就会很矮小，而与众多同类植物一起生长，它就会根深叶茂、生机盎然。人们把这种相互影响、相互促进的现象，称之为"共生效应"。事实上，人类群体中也存在"共生效应"。父母可以充分利用这种效应的原理，教会孩子在相互合作中获得发展。

父母可以通过增强孩子的合作意识的方式，激发孩子的合作意愿。当孩子一个人玩的时候，父母可以引导他和别的孩子一起玩，让孩子通过合作获得更多的乐趣。比如，游戏是提高孩子合作能力最直接有效的活动，父母要鼓励孩子积极参加到游戏中

如何预防"社交恐惧症"

有效预防孩子的"社交恐惧症"，可以让孩子正常交际，或者善于交际，让孩子健康成长。

为孩子营造一个良好的家庭氛围，不过分溺爱孩子，增强孩子承受挫折的能力，对孩子也不可过分严厉。

学校应该对孩子进行引导，比如开设心理学课程，教孩子在遇到问题时该如何处理。

去。在游戏的过程中，孩子可以逐步摆脱以自我为中心的思想，从一个人独自玩，发展到与伙伴共同游戏，这样自然而然地就发展了孩子的合作能力。假如孩子在游戏等活动中与伙伴们发生了争执或冲突，父母应该及时疏导，帮助孩子们协调关系，确定共同目标，使活动顺利进行。总之，只有提高孩子各方面的能力，让孩子学会与伙伴互相合作，才能使孩子健康、快乐地成长。

○ 社交恐惧症是心理疾病吗

不知道如何处理人际关系，是处于青春期的孩子中最常见的心理问题，是导致各种神经症状的主要因素，人际交往如果出现障碍，会影响孩子的正常学习和生活。

在青春期这个特殊的生理、心理发育时期，孩子一方面十分渴望获得友谊和建立良好的人际关系，另一方面又有很强的自我意识和独立性。再加上许多孩子是第一次离开家，绝大多数时间在学校集体中生活，孩子的心理成熟度比较低，自我调整能力差，使他们形成了一些不正确的认识和观念。所以，孩子很难适应新的人际关系和比较复杂的学校环境，从而导致了他们在人际交往方面出现了障碍。

许多处于青春期的孩子都有人际交往障碍，他们的心里有许多苦恼："我性格内向，不知道怎么和别人交往，我自己也挺烦的，怎样才能做一个善于交际的人呢？""我在和别人说话的时候，无论是男生还是女生，我都不敢看着对方的眼睛，手也不知道该往哪放，如何才能自如地交谈呢？""我太在乎别人对我的看法，和别人沟通的时候，我都在担心别人会怎么看我，尤其是面对比较重要的人，我还有点自卑。""我觉得自己可能心理上有问题，有时我很想和别人聊天，但又不知道聊什么。""和别人交谈的时候，我说话都不敢大声，是我真的胆小吗？"

从孩子们的心声中，我们可以了解到他们中的大多数只是因为性格内向，或者是不懂得社交的艺术，从而导致在社交过程中出现不适，而并非他们不愿意和人交往。

心理专家称：在青春期，孩子很容易患上人际交往障碍，严重的还会发展成为社交恐惧症。在青春期，孩子生理和心理上都会发生急剧的变化，如果他们在这一阶段遇到心理问题，没有解决好，就很可能会影响他们将来的升学、求职、就业、婚姻等一系列社会化进程。

社交恐惧症通常病起于青春期，男女都可能会出现。孩子渴望友谊，希望广交朋友，但是有的孩子一到与他人的具体交往时，就出现了恐惧的反应。具体的表现是，自己先开口的话，不好意思说话；遇到陌生人，会面红耳赤，处于一种非常紧张的状态，这就是"社交恐惧症"。它往往会泛化，严重者拒绝与任何人发生社交关系，会把自己孤立起来，这会对其日常生活和学习造成很大的影响。

小志是一名初中生，小志的爸爸妈妈平时上班忙，对小志

孩子有"社交恐惧症"该怎么办

有效预防孩子的"社交恐惧症"，可以让孩子正常交际，或者善于交际，让孩子健康成长。

1 积极的自我暗示

孩子要经常对自己说："我相信自己可以做到！"通过积极的心理暗示，逐步改变对自己的否定观念，培养自信心。

2 系统的脱敏训练

把目标分为很多小目标，然后由易到难一项一项完成，逐步锻炼自己的交际能力。

3 阅读伟人日记

用伟人的成长和经历来激励自己，使自己树立起愿意改变的勇气和信心。

如果孩子的症状比较严重，应该尽快就医，只要加以心理治疗和适当的药物治疗，绝大部分"社交恐惧症"患者是可以康复的。

也没有太多的管教，小志从小就是爷爷奶奶带大的。爷爷奶奶对小志的要求十分严格，希望他将来可以成就一番大事业。小志从小十分腼腆，不喜欢说话，家里来客人时，他经常躲着不见。这么多年，从来没有见到小志带同学到家里来玩。不上学的时候，小志就窝在家里看书，几乎不出去玩。

小志现在上的初中是寄宿制学校，自从上了初中以后，小志就开始觉得许多事情都不顺利，他很苦恼，回家的时候经常抱怨，一副不知所措的样子。

前不久，小志周五下午放学回到家里，妈妈给他准备了很多好吃的，小志却愁眉苦脸的。妈妈发现后，耐心询问，小志支支吾吾地说了一点儿，说在学校有一个女生瞄了他一眼，他觉得对方是在警告自己。妈妈问他有没有和那个女生发生矛盾，小志说没有。妈妈就劝他说没关系，可能是那个女生不小心看到了小志。但是从此之后，妈妈发觉小志变了，变得越发不爱说话了，更害怕与人打交道了，尤其是遇到女生的时候，他就会很紧张，注意力无法集中。后来，小志发展到与男生、与老师也不敢有视线接触。他常常对妈妈说："妈妈，我很痛苦，很苦恼，可又不知道该怎么办。"

看到孩子这个样子，爸爸妈妈都有些着急，也很担心。他们到学校去了解情况，更是觉得小志可能是心理出了问题。经了解，老师说，就算是正常上课的时候，小志如果遇到老师的眼神，也会很慌张。一开始，老师还以为他在做小动作，但是老师检查后，并没有发现他在做什么，问他的时候，他支支吾吾说自己有些害怕。在这种状态下，小志的听讲效果受到很严重的影响。在课下的时候，小志都是在自己的座位上，不是趴着休息就是看书，从来不出去和别人玩，也不跟别人聊天。

从上面的例子中可以看出，小志这样的情况就属于"社交恐惧症"，这样的情况很显然会影响小志的人际关系和学习状况。那么，是什么原因造成了孩子的"社交恐惧症"呢？一般来说，"社交恐惧症"是后天形成的一种条件反应，是经过学习过程而建立起来的，通常分为两种情况：

一是"直接经验"，孩子在与人交往的过程中屡遭挫折，就会形成一种心理上的打击或威胁，在情绪上产生种种不愉快的甚至是痛苦的体验。久而久之，孩子在与人交往时就会不自觉地形成一种紧张、不安、焦急、忧虑、恐惧的情绪状态。这种状态定型下来，形成固定心理结构，于是孩子在日后遇到类似刺激情境时，就会"旧病复发"，心生恐惧感。

二是"间接经验"，即"社会学习"。如果孩子看到别人或听到别人在某种交往情境中遭受挫折、陷入窘境，或受到难堪的讥笑、拒绝，自己就会感到痛苦、羞耻、害怕，甚至通过电影、电视、小说、广播、报刊等途径，孩子也可以学到这种经验。他们会不自觉地依据"间接经验"来预测自己会在特定的社交场合遭受令人难堪的对待，于是他们会紧张不安，焦虑恐惧。这种情绪状态的泛化，引发了"社交恐惧症"。

　　既然"社交恐惧症"对孩子的影响是消极的，那么父母就应该帮助孩子摆脱这种不良的情绪状态，让孩子重新学会社交。在一个家庭中，父母要和谐相处，对于社交要有浓厚的兴趣，用自己的社交行为为孩子做出良好的示范。如果父母平日里总是吵架，对孩子的教育意见出现分歧等，那么这些情形都会让孩子感到不安、畏惧，甚至让孩子丧失自信心。因此，父母要做好榜样，彼此和睦，这样，孩子对社交就没有畏惧感了。当然，父母也可以鼓励孩子多与同龄人交往，这样对孩子的身心健康发展有利。孩子在与同龄人交往的过程中，会遵守他们共同的规则，学会交往，学会尊重别人的权利。而且，孩子从中还可以学到如何与人合作，如何交朋友。

　　心理学研究表明，有11%～15%的处于青春期的孩子具有过分害羞的倾向，这对孩子的交往是一个很大的麻烦，父母需要帮助孩子克服这种害羞的心理。一般来说，克服孩子的这种心理，最简单的方法就是让孩子请朋友到家里来做客。比如：在孩子过生日的时候，让孩子自己邀请一些同学来家里，并让孩子亲自招待朋友，陪朋友聊天。父母还可以让孩子多参加一些群体性的活动，这都有利于孩子克服害羞的心理。

　　当然，孩子毕竟是孩子，尤其是青春期的孩子，在与他人的交往过程中难免会出现一些问题，比如：有些孩子生性骄傲，当别人与他打招呼的时候，他可能会不予理睬；孩子到了一个陌生的环境，由于害羞心理在作怪，会表现得沉默寡言；与其他孩子交往时，由于言语方面的不合，孩子之间会发生矛盾等，这些都是由于孩子没有掌握有效的交流手段，缺乏基本的人际交往经验而造成的。作为父母，要想让孩子进行良好的人际交往，教给孩子基本的交往技能是非常有必要的。

第二章
学习能力关乎孩子的未来

○ 帮孩子改掉做作业爱磨蹭的习惯

常听父母说，如果孩子做作业的时候不磨蹭，可能孩子的学习效率会更高一些。其实，每个人都会磨蹭，只要人的惰性存在，磨蹭就会永远存在于人的思维和行动之中，而我们所能做的，就是把磨蹭的"破坏性"降到最低。对于13岁前的孩子来说，由于孩子的心理成熟度有限，自身的自控能力还很弱，因此，父母更应该加大力度纠正孩子做事爱磨蹭的坏习惯。

在学习上，孩子常常会为自己的磨蹭找理由，比如孩子会对父母这样说："现在已经很晚了，我实在是太困了，还是等到明天我再写作业吧。"孩子不仅是在为自己的磨蹭行为找借口，而且还不想承认自己的磨蹭行为，也就是说，孩子正在用这些理由来欺骗自己。如果孩子这种自欺欺人的行为成为一种习惯，那么学习计划对于他们来说是不会起到任何作用的。所以，在孩子的懒惰思想刚露头、磨蹭行为刚出现时，父母就应该及时把孩子的这种坏思想、坏习惯消灭在萌芽状态。

除了懒惰之外，孩子写作业的时候磨蹭还有很多原因：孩子

孩子写作业磨蹭的原因

孩子写作业磨蹭，不一定因为孩子是"慢性子"，他们的"慢"是有一定原因的。

孩子缺乏时间观念，做事爱磨蹭，是因为他们没有紧迫感，时间概念比较模糊。

孩子的注意力很容易受到周围环境的影响，旁边一有什么好玩的事就会使其忘记自己的任务。

如果孩子对写作业不感兴趣，往往也会影响孩子学习的效率。

父母只有找到了孩子写作业磨蹭的原因，才能帮助孩子改掉写作业磨蹭的坏习惯。

的基础差，写作业对孩子来说是难事；孩子的时间观念差，不知道抓紧时间学习；孩子的作业太多，孩子为了不写父母额外布置的作业，就在写学校作业的时候故意磨蹭，想把时间消耗掉……这就说明，孩子写作业磨蹭，很多时候是故意的，他们用这种方式来反抗父母。

许多父母都抱着望子成龙、望女成凤的心态，生怕孩子会落后于人，总是想让孩子学习更多的知识。因此，在孩子做完学校的作业以后，他们还会给孩子再布置一些题目，认为这样多加练习，孩子会学得更好。但是这会引起孩子的反抗心理，13岁之前的孩子，爱玩是他们的天性，但是写过多的作业会让他们没有了玩的时间，但是由于父母的威严，孩子并不敢直接反抗，于是就在写作业的时候用磨蹭来消耗时间，让父母无法给自己再布置新任务。

孩子的反抗心理在七八岁时最为强烈，这个年龄阶段的孩子正处于叛逆期，因为这个时期的孩子心中的自我意识开始发展，他们渴望独立自主，对一些事情有了自己的想法，并开始辨别是非。由于他们想要展示自己的独立和强大，所以会反抗父母。

妞妞上小学二年级，从开始进入小学之后，妞妞就有做不完的作业，老师布置一份，妈妈还有一份。妞妞的成绩算是不错的，一般都会在班里的前十名，但是妈妈却觉得自己和妞妞的爸爸小时候都学习很好，妞妞应该也可以学得更好，因此，她总是监督姐姐学习，在姐姐写作业的时候也是在一旁看着姐姐。

从二年级下学期开始，姐姐的作业就越来越多了，有时候写到晚上十点还写不完。姐姐每次写作业的时候，不是摸摸尺子，就是玩玩橡皮，要不就拿着笔帽盖上、拔开、盖上、拔开……姐姐玩得乐此不疲。

有一天晚上，姐姐又是玩一会儿写一会儿，都过了九点半了，姐姐还在写。对此，妈妈十分着急。照这样的速度，就是过了十点也写不完作业，这样的话，那么她的睡眠质量就不能保证，这样肯定会影响她第二天的学习的。妈妈实在看不过去，就催促了几次，但是姐姐仍然不紧不慢，做做停停，半天也完成不了一道题。看着姐姐懒散的样子，妈妈怒火中烧，像狮子一样大吼起来："你到底要磨蹭到几点？你是故意的，对不对！今天不写完作业，你就别想睡觉！"

看着妈妈那吓人的样子，姐姐"哇"的一声哭了起来，一边哭一边说："我早做完有什么用，你也不让我玩。"听着姐姐的辩解，妈妈是既伤心，又生气。

相信姐姐说出了许多孩子的心声，父母不要觉得孩子还小就不懂得找对策，其实孩子远不是我们所看到的那样。在孩子还是婴儿的时候，他们就会"察言观色"了；长大一点儿学会说话后，他们更是懂得做一些让父母表扬自己的事情；到了七八岁以

如何纠正孩子写作业磨蹭的坏习惯

自信心对孩子的性格发展十分重要，那么，父母怎样做才能让孩子学会自我激励，学会肯定自己呢？父母可以尝试一下下面的几种简单可行的办法。

1 给孩子玩的时间

适当给孩子留出娱乐的时间，让孩子明白写完作业就可以去玩了，孩子写作业自然就不磨蹭了。

2 激发孩子的竞争心理

让孩子和同学一起写作业，看看谁完成得又快又正确，紧张的气氛可以提高孩子的学习效率。

3 让孩子尝到磨蹭的后果

如果孩子实在不听劝告，那么孩子磨蹭时，父母可以不提醒、不督促，让孩子尝到不完成作业的后果后，孩子自然就会按时完成作业了。

面对孩子磨蹭的行为，父母千万不能不闻不问、掉以轻心，但也不要表现出急躁的情绪，而是应该保持一种平和的心态，用正确的方法引导孩子，帮孩子逐渐养成高效做事的好习惯。

学习焦虑情绪的分类

一般来说，学习焦虑情绪分为两种，分别是：

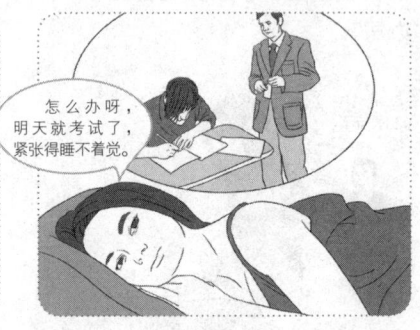

 性格性焦虑

  由于性格中的不良因素导致学生遇到任何事都容易产生焦虑情绪。

2 情境性暂时焦虑

  学生认为很重要的事情即将发生时出现的焦虑，比如开学前、考试前的紧张等。

  情境性暂时焦虑是在特定的情境下产生的，会因条件的改变而产生或消失。学生的学习焦虑大多属于第二种情况。

后，孩子的心理成熟了不少，对于父母给的任务，他们会想方设法地赖掉。

  像妞妞在做作业的时候磨磨蹭蹭，其实正是她对父母的一种反抗，她是希望妈妈能够明白，自己如果能早点儿做完作业，可以有自己玩的时间。因此，当孩子做作业磨磨蹭蹭时，父母千万不能意气用事，一味地责骂，这样只会适得其反。父母要注意总结方式方法，慢慢地纠正孩子做作业磨蹭的坏习惯。

如果孩子磨蹭真的是因为做完之后还有更多的作业在等着他们而故意磨蹭的话，父母可以给孩子留一点儿属于他们自己的时间。只要孩子保质保量地完成了老师布置的作业，父母就可以将剩下的时间交给孩子自己去安排，让他们做自己喜欢的事情。养成这样的习惯之后，孩子就会抓紧时间完成各项作业，因为早写完就会有更多的时间玩了。久而久之，孩子就会慢慢改掉写作业磨蹭的坏习惯了。

如果孩子对时间没有概念，也可能会造成写作业太慢的问题。解决这个问题的办法只有一个，那就是让孩子自己安排时间表。比如什么时间做作业，什么时间玩，让孩子清清楚楚地写下来。当然，孩子可能由于年龄小，想问题的时候不可能全面，父母可以在孩子订立时间表的时候，提出一些建议，以便时间表能制订得更加科学。

孩子自己制订时间表时，虽然少不了做作业的时间，但是也会有玩的时间，一般来说，孩子都会自觉遵守的。只要孩子能够按照自己制订的时间表行事，慢慢地，孩子做作业磨蹭的坏毛病就会消失。

○ 学会消除孩子的焦虑心理

焦虑是一种伴随着某种不祥的事件即将发生的预感而产生的令人不愉快的情感，严重的焦虑表现为恐惧不安。心理学家做过这样一个实验：如果把健康的兔子放在老虎旁边，无论如何照料兔子，兔子在焦虑心理影响下总会在不久便死去，这种焦虑心理被心理学家称为"兔子效应"。

根据一项心理调查显示，目前我国有很大一部分学生存在焦虑心理。学生的焦虑心理，会使其学习和健康受到严重的影响。有学习焦虑心理的学生，会不同程度地出现烦躁不安、心神不定、心慌头昏等症状，甚至一见到书本、一进教室就会感到头痛心慌。学习焦虑是因为学习而产生的，又反过来对学习过程和学习成绩产生直接的影响。

焦虑使得学生害怕和讨厌学习，他们一遇到学习上的困难很容易就会放弃，因而在学习过程中对知识和学习方法的掌握水平低、不牢固，导致学习成绩逐步下降。不仅如此，学习焦虑还会影响孩子原有水平的发挥，进而表现为考试焦虑，孩子每次一遇到考试就会发挥失常。比如一些孩子考试之前异常紧张，吃不好、睡不好，考试时大脑一片空白、全身冒汗，会做的题目也做不出来，无法取得优异的考试成绩。

考试焦虑是孩子普遍存在的心理问题之一。他们大多会感到不同程度的学习困难，诸如记忆力下降、精神不集中、注意力分散等。有的孩子会出现"记得很熟的知识怎么也想不起来""题目看了很多遍，却不知道是什么意思"等状况。与此同时，孩子还会出现一些生理反应，比如容易疲倦、厌食、心跳加速，等等。孩子之所以会出现考试焦虑的症状，大多是由于他们考前准备不足，对自己缺乏信心，以至于考试前紧张，考场发挥失常。

有心理专家认为：那些学习基础比较弱、性格比较内向、学习方法不够灵活的孩子，他们往往比较敏感、多虑，对自己缺乏信心，很容易产生考试焦虑的症状。根据调查显示：有考试焦虑情况的孩子大多数是学习中等生和少数优等生。对于中等生来说，一方面，他们担心考不好会沦为后进生、会被人瞧不起而有强烈的学习愿望；另一方面，他们因为焦虑心理而无法克服学习困难，完不成学习任务，进而担心自己考不好。另外，对于少数优等生来说，他们过分注重自己的考试成绩，担心自己考不好而影响自己在老师和同学以及父母心中的地位，导致他们对分数患得患失、焦虑不已，就算他们平时的成绩很好，但是在考试前也很容易陷入紧张状态。

张帅上初中二年级，是班里的体育委员，他的成绩在班里也是不错的。在同学的眼中，张帅是一个十分阳光的学生，特别爱笑，也爱开玩笑，对于体育运动十分热爱，每次开运动会，他总是积极参加，每次都能取得不错的成绩。

张帅的妈妈十分了解孩子，妈妈说张帅虽然平时笑嘻嘻的什么都无所谓的样子，其实他十分在乎自己在老师和同学心目中的形象。虽然他只是体育委员，但是他对自己的成绩十分在意，不愿意落在后面。因此，每次考试他都会积极备考，希望能考出好成绩。

但是，最近几次考试，张帅觉得压力有些大，竟然经常在妈妈面前说"我不想考试，我讨厌考试"这样的话。此外，妈妈发现张帅在家根本就看不进去书，总是在房间里走来走去，要不就是拿着书看一眼就放下，过一会儿再看一眼然后放下，这样反反复复，也不知道他在想什么。

结果，张帅这几次考试的成绩确实不是很理想，有一些很简单的题目他都做错了。看到老师发下的试卷，张帅懊恼不已，觉得自己不应该是这个水平，暗暗发誓下次一定要考好。但是，他考试前的反常举动却越来越多，最近的这一次考试之前，张帅竟然整晚都睡不着，吃饭的时候也没食欲，妈妈还以为张帅生病了，但是他既没有发烧，也没有其他不舒服的症状，妈妈真不知道这孩子到底怎么了。

后来，妈妈听到其他同学的父母说自己的孩子也有这样的状况，是不是心理出现了什么问题呀？妈妈这才把张帅的这些反常行为想通了。于是，妈妈就带着张帅到心理咨询室去咨询，还好张帅的问题不是很严重，经过心理咨询师的开导之后，张帅逐渐地不再害怕考试了。

还好张帅的妈妈及时发现了孩子的焦虑状态，并进行了积极的治疗，才没有发生严重的后果。孩子的考试焦虑是学习焦虑的一种，这种焦虑或多或少都会在孩子间存在，只是大家的轻重程度不一而已。究其原因是因为孩子对自己学习现状的不满和不恰当的期望与比较，他们不能接受自己的现状，过分追求完美和

缓解孩子的考试焦虑

考试焦虑会影响孩子考试的正常发挥，对孩子以后的升学有很大的影响。所以，在孩子出现考试焦虑的情况时，父母应该及时帮助孩子克服这种心理焦虑。

❤1 给孩子积极的暗示

给孩子一些"只要尽力就好"样的积极暗示，缓解孩子的心理压力，使孩子身心得到放松。

❤2 降低对孩子的期望

父母的期望过高也会给孩子造成心理压力。因此，父母不妨降低一下自己对孩子的期望值。

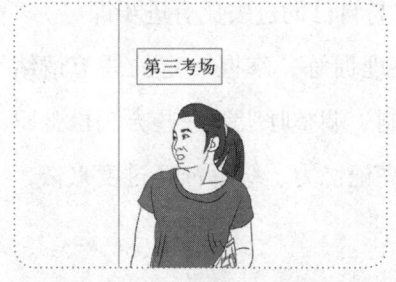

❤3 教孩子一些缓解压力的方法

比如深呼吸、闭着眼睛想象一些美好的事物等，这样做可以帮助孩子有效缓解压力。

当然，父母也可以帮助孩子制订学习计划，并让计划具有可操作性，每天任务明确，让孩子每天小步伐前进，体验成功感，增强孩子的自信心。

注重结果，注重浅层次的攀比，以己之短比人之长，体会不到学习的真正意义。有些孩子因为承受不了学习的压力，会产生恐惧感、厌学症，出现逃学、装病的现象。因此，老师以及父母应该正视学习焦虑给孩子带来的负面影响，努力做好孩子的心理疏导工作，缓解孩子的压力、焦虑，使孩子健康成长。

孩子应该了解学习是一个过程，知识的积累、能力的提高要有一定的积累过程，从量变到质变，欲速则不达。因此，孩子首先要做好眼前的事，注重学习的过程，不要过分注重结果。要登上高山，最重要的是登好每一级台阶，所以要相信"功到自然成"的道理。另外，在确定自己的奋斗目标时，要认真客观地分析自己的学习状况、知识的掌握程度、各科的优劣势，自己在年级、班级所处的位置，根据这一分析，务实地制定一个目标，调整自我期待值，保持一颗平常心。因为每个人的实际情况不同，所以不要去注意别人如何，自己的现在与自己的过去比有进步即可。

当然，孩子也要适当做些心理训练，掌握一定的调节情绪的方法，使自己能够运用意念控制、调整呼吸等一些方法松弛躯体、调整情绪、转移注意力、提高记忆力、缓解神经过度兴奋，以达到调整心态的目的。

○ 培养孩子独立思考的能力

爱因斯坦曾说过："学会独立思考和独立判断比获得知识更为重要。不下决心培养思考习惯的人，将失去生活的最大乐趣。"孩子只有善于独立思考，才会有很强的处理问题的能力，而且才会从生活中收获良多。所谓成功者大多具有独特的思想，以及独立思考和判断的能力。所以，对于处于成长关键期和行为习惯培养的关键期的孩子，父母一定要从小培养孩子的独立思考能力，让孩子在学习和生活中表达更多自己的主见。

良好的思维能力胜过掌握更多的知识，因为知识只有在被运用时才是有价值的。最好的办法通常都是通过思考得出来的，思考是一切创造的源泉。

一位心理学工作者去一所学校调查小学生的自主性状况，在被调查的150名学生中，当被问到"在学习和生活中遇到的难题一时解决不了，该怎么办"时，他们几乎都是这样回答的：有困难当然是让父母来解决。当被问到"今后准备从事什么职业"时，竟有70%的孩子说要先回家问问父母，自己不知道以后要干什么。由此可见，独立思考的能力已经是现在许多孩子的综合素质中一个不容忽视的弱项。

孩子在小的时候还没有独立意识，所以自然缺乏独立思考的能力，3岁左右开始孩子逐渐拥有独立意识，到了七八岁的时候，孩子的独立意识进一步发展。在13岁之前，孩子是有一定的独立意识的，他们对于生活和学习中的一些事情，应该有一定的思考能力。由于孩子的心理发育不成熟，许多事情靠自己思考可能并无法做到全面、准确。于是，许多父母觉得孩子没有思考的能力，什么事情都替孩子想好，让孩子按照父母的想法来做事。

如何培养孩子独立思考的能力

孩子是一个完整的、独立的个体，父母应该允许孩子有自己的世界和自己的空间，有自己独立思考问题的机会。那么，在日常生活中，父母应该如何做呢？

1 给孩子自己做主的机会

父母要经常和孩子商量，给孩子自己思考的机会，或者让孩子自己做主。

2 让孩子学会说"不"

鼓励孩子说出自己的不同意见，敢于对别人不合理的要求说"不"。

3 培养孩子坚忍不拔的意志

孩子遇到困难就退缩，这时就需要父母鼓励孩子多动脑筋，激发他攻克难关的勇气，培养其坚忍不拔的意志。

结果，孩子渐渐长大，还是什么事情都依赖于父母，自己遇到任何问题都没有想办法解决的习惯，而是回家问父母。这会给孩子以后的学习和生活带来极其不利的影响，因为父母不可能一辈子都给孩子出谋划策。

许多父母出于对孩子的宠爱，事事都以自己的选择为孩子代劳，导致许多孩子没有独立思考的习惯。这样的孩子不仅依赖性会越来越强，长大之后，他们很可能会因为缺乏独立思考的能力而成为一个优柔寡断、毫无主见的人。独立思考在一个人的成长过程中是一项很重要的能力，孩子独立思考的能力是需要从小就开始培养。

⋯⋯⋯⋯⋯⋯⋯⋯⋯⋯⋯⋯⋯⋯⋯⋯⋯⋯⋯⋯⋯⋯⋯⋯

一天，慧慧的爸爸在一本书上读到了德国数学家高斯的故事。当他读到高斯 8 岁的时候就发现了著名的数学定理时，感到十分吃惊。

这时，还在上小学三年级的慧慧走了过来。他喊住慧慧，说："爸爸考你一个问题好不好？""什么问题？"慧慧歪着脑袋天真地问。"从 1 到 100，这 100 个数相加，等于多少？"爸爸便把高斯曾经遇到的问题说了出来。

慧慧拿起纸和笔认真地算了起来，算了好一会儿，她有些着急了，说："这个算起来也太麻烦了吧！"爸爸让她有点耐心，于是慧慧又继续算了起来。

过了很长时间，慧慧终于得出结果了："我算出来了，是

5050，对吧？"

"嗯，不错，结果非常正确，但是就是用的时间长了一点儿，你能不能想出一个又快又能得出准确结果的好方法呢？"爸爸开始引导慧慧进行思考。

"算数能有什么好方法啊？"慧慧有些好奇地问。

"你来看看，这些数字有没有特别的地方，或者是有什么规律呢？"爸爸一边说，一边在纸上写：1+100，2+99，3+98……

慧慧拿过爸爸手里的纸，聚精会神地看了起来。过了一会儿，慧慧似乎发现了什么，也拿起笔开始在纸上写了起来，然后，她若有所思地点点头，惊喜地对爸爸说："我知道了！爸爸，这有个规律，从1加到100，一共有50个101，正好是5050，对不对？"

"对！你看这样是不是简单多了，还特别省时间？"爸爸笑着对慧慧说。

"是啊，这真是一个好办法，爸爸，你太厉害了！"慧慧以为这是爸爸想出来的好主意呢。

"可不是爸爸厉害，其实这是德国一个8岁的孩子发现的，他的名字叫高斯，他发现这个规律的时候比你还小呢。不过，现在你也发现了，爸爸相信你以后还会有更多更好的发现！"爸爸希望通过这件事情能让慧慧在以后遇到问题的时候更多地去思考。

"嗯，我一定要向他学习，以后我也会发现好的规律的。"

慧慧坚定地对爸爸说。

就像慧慧的爸爸一样，父母要善于给孩子提问题，然后通过适当的指导，鼓励孩子通过独立思考得出最后的结论。这样不仅可以让孩子学到许多新的知识，还能培养孩子独立思考的能力和习惯，有助于孩子心理的快速发展。

如果一个人会思考，那么他在做事情、学习上就容易获得成功。所以，父母要给孩子营造一个思考的空间，放开手，让孩子大胆地去思考，并认真倾听孩子的想法。父母不要把孩子的一切都安排得十分妥帖周到，要让孩子自己去考虑，这样才有助于培养孩子独立思考的能力。只有学会了独立思考，孩子才能更好地学习和生活。

○ 缓解孩子的学习压力

有人说，孩子是无忧无虑的。难道孩子一点儿压力都没有吗？答案是否定的，其实孩子也是有压力的，尤其是在孩子上学之后，那些学习成绩不好的孩子，他们会面临来自各个方面的压力。然而，许多父母并不能看到压在孩子身上的这种沉重的压力，甚至有许多父母会认为，孩子只有神经紧张，这样才能激发潜能，跟上大家学习的步伐。这也就是大多数人的"有了压力，才会有动力"的观念，殊不知，如果孩子的生活和学习中充满了压力，他们就会逐渐迷失自我，甚至会出现心理问题。

孩子心里产生的压力将直接影响孩子的学习成绩。许多厌学和逃学的孩子一般都是因为自身压力过大而学习又跟不上，经常受到老师的批评、父母的责怪以及同学的嘲笑。面对这几个方面的压力，许多孩子索性选择破罐子破摔，最终出现了逃课现象。

所以，作为父母，应该了解孩子的学习压力，要主动帮孩子减压，这样就不会使孩子彻底瘫倒在压力的泥潭中。孩子大都是带着压力来学习的，当孩子的压力达到一定程度的时候，父母必须及时帮孩子排解，不然，孩子就会因为心理承受不起压力而产生厌学的情绪，以至于出现逃学的行为。

在孩子上学之后，孩子的心理逐渐发展，自我意识进一步加强，开始看重自己的自尊心。因此，父母想要给孩子减压，首先面临的问题就是如何才能既达到给孩子缓解压力的目的，又能保护好孩子的自尊心。生活中，有些父母见不得孩子有一点错，一旦孩子犯错就会使劲批评孩子，恨不能批评得孩子抬不起头来。要知道，父母给孩子多一分尊重，孩子就会多一分自尊，多一分快乐。遇到问题的时候，父母要使孩子有一个心理准备的时间和心理缓冲的过程。孩子有错的时候父母不要一味地批评，父母应该引导孩子学会自我反思，让孩子明白看待问题的时候不能片面，应该一分为二地看问题。父母要明白，孩子虽然年龄小，但是也是一个独立的个体，在人格上和成年人是平等的。

另外，父母在给孩子释压时，要降低自己的期望值。在如今的家庭中，孩子从小就在父母的期望中长大，而中国父母有一个共同

缓解孩子心理压力的方法

一些心理学家认为，在考试制度和评价体系没有得到改变之前，孩子所面临的学习压力是不可能消失的，父母能做的就是尽量缓解孩子的心理压力。

1 多关注孩子的内心世界

父母不要只是关注孩子的学习成绩，而是应该对孩子的生活以及精神需求多关心。

2 降低对孩子的学习要求

不要非要求让孩子考第一名才行，而是只要孩子尽力了就应该表扬孩子。

 3 教给孩子排解压力的方法

当孩子压力过大的时候，父母可以教孩子通过运动发泄或者写日记发泄等方式排解压力。

特点是：很喜欢为孩子牺牲。为了孩子，妈妈放弃了工作；为了孩子，爸爸放弃了外出派遣的机会……这就让父母对孩子的期望更高了一点儿，他们希望自己的付出能够有所回报，而最好的回报就是孩子的成功。

此外，许多父母会把自己的梦想加注在孩子的身上，自己当年没有实现的愿望，希望孩子可以做到。因此，孩子的身上背负了太多的父母的期望。然而，不可能每一个孩子都能考上北大、清华，也不是每一个孩子都能成为出类拔萃的精英。父母在看待孩子关于成长的问题时，应该客观一点儿，尊重孩子本身的兴趣，让孩子能够正直、健康地长大才是最重要的事情。

小健是一名初中生，他十分文静乖巧，爸爸妈妈对这个孩子的期望非常高，希望他能出人头地，便对他的要求十分严格。

每天，妈妈都会检查他的功课，除了学校布置的作业之外，他还要完成许多爸爸妈妈布置的作业。到了周末，他还要参加好几个辅导班，一般周末只有半天的时间属于自己，可是即使在这半天之中，他还要完成许多作业。

小健的成绩确实非常不错，几乎每次考试都是第一名。如果不是第一名，爸爸妈妈就会批评他，给他布置的作业也就更多了。所以，小健感觉自己每时每刻都在学习。

看到身边的同学每天开心地谈天说地，小健非常羡慕，可是因为自己总是有做不完的事情，根本就没有时间和同学玩。

大家都觉得小健成绩好，却整天不说话，不爱搭理人，有点儿自傲。其实，小健只是不知道该怎么和大家聊天而已。所以，他在班里连个朋友都没有，这让小健十分痛苦。

在寒假之前的期末考试中，小健没有考到第一名，比第一名少了 0.5 分。即使是这样，来开家长会的爸爸还是不开心。爸爸从学校回来之后，就一直阴着脸。小健知道自己又让爸爸妈妈失望了，所以也不敢吱声。从这天开始，小健每天晚上 10 点之前就没办法睡觉了，爸爸找了很多的练习题给他做，还给他报了寒假补习班。每天小健都很忙，就算是除夕的时候爸爸也不允许他放松，还是让他先完成所有的学习任务才能玩。这样的生活压得小健喘不过气来，终于在春节过后的第五天，小健从阳台跳下，当场身亡。

案例中，由于父母不关心孩子存在的心理压力，导致正拥有大好时光的孩子，选择了用跳楼结束自己的生命。也许直到这个时候，小健的父母才会明白，考试第一不是最重要的，孩子的生命才是最重要的，但是，等到孩子没了，父母才想明白又有什么用呢？

我们经常会在报刊、媒体上看到青少年自杀的报道。在他们用自己的生命为代价给我们的教育敲响警钟的时候，作为孩子的父母是不是应该有所觉醒呢？对于身心都处于发展阶段的孩子来说，沉重的学习压力是他们难以承受的，于是有的孩子选择了逃避，有的孩子却在痛苦中继续承受着。由此可见，减轻孩子的学习负担，减轻孩子的心理压力，这是关系到孩子的学习和身心健康成长的重要因素，父母应该认真对待，及时关注和引导孩子。

当然，给孩子减压不只是父母的责任，给孩子减压是社会、学校和家庭共同的责任。当然，在为孩子减压的过程中，父母起的作用最大。学生和老师之间总会产生一些矛盾，这很正常，关键是父母要及时与老师沟通，弄清楚矛盾的原因所在，并及时化解矛盾。孩子一般都不愿意和父母讲自己在学校的情况，老师也没有太多的机会能够及时与孩子的父母沟通，父母又没有察觉到孩子的心理变化，从几个方面一耽搁，父母帮孩子减压的工作就会贻误了。所以，父母在平时应多关心孩子，了解孩子的心理变化，并及时与老师联系，起到沟通和桥梁的作用。

只要孩子的压力减小以后，孩子的心态就会和从前大不一样，孩子就会多一分自信，孩子在学习的道路上就跑得更快了。

第三篇
父母也有
"成长的烦恼"

第一章
不要踏进孩子的心理雷区

○ 每个孩子都讨厌父母的唠叨

天下没有不爱孩子的父母，但是，几乎每一个做父母的都避免不了做一件让孩子十分厌烦的事情——唠叨。"你怎么又开始玩了，作业做完了吗？赶紧写作业去！""我都说过多少次了，电视看多了对眼睛不好，赶紧关了电视，看看书去。""外面风这么大，你不多穿点儿会感冒的。""路上车多，骑自行车的时候要多看着点儿路。""在学校要好好听讲，别开小差。""和同学好好相处，搞好人际关系，受欺负了找老师解决。"孩子几乎每天都能听到父母这样的关心和嘱咐。

孩子会领情吗？恐怕不会，孩子对父母的这些唠叨往往都是声声埋怨。"我知道了，你烦不烦啊！""知道了，真烦人。""我又不是小孩子了，你能不说了吗？"在现实生活中，许多孩子对父母的唠叨感到不胜其烦。

在一项关于"你最讨厌爸爸妈妈的哪些行为"的调查中，有33.8%的孩子认为自己的父母经常小题大做、爱唠叨。

父母之所以爱唠叨，是因为孩子小的时候心理不成熟，许多

父母如何减少唠叨

没有人喜欢听唠叨，尤其是自认为已经长大的孩子。所以，想要教育好孩子，父母应该想办法减少自己的唠叨。

和孩子交流的时候，多听听孩子的想法，别总是强调自己的想法，不要将自己的意见强加给孩子。

说话要言简意赅，不要总是重复说一些没有意义和价值的话。

当你想要唠叨的时候，不妨把想说的话写在纸条上，有时写在纸条上比当面说更容易让孩子接受。

当然，在平时父母可以把唠叨改为夸奖，多夸奖孩子，这更有利于孩子的健康成长，而且也不会因为父母过于唠叨而影响亲子关系。

事情没有办法自己做好，因此父母总是担心孩子会出错，就会时刻提醒孩子。等孩子长大后，他们已经可以独立做事了，也有了自己的思想。但是，在父母眼中，孩子永远是孩子，父母已经习惯了唠叨。对于父母整日的唠叨，孩子很容易产生自我保护式的逆反心理，他们消极对抗、沉默不语，或者干脆与父母针锋相对。殊不知，父母的反复唠叨会伤害孩子的自主性和自尊心，还会直接打压孩子日益增长的成人感。

在心理学上，有一种被称为"超限效应"的现象，指的是人体在接受某种刺激过多的时候，会出现自然的逃避倾向。也就是说，一个人在受到外界刺激过多、过强或作用时间过久的情况下，他就会极不耐烦或产生逆反情绪。"超限效应"在家庭教育中时常发生，比如孩子要上学，外面下雨了，父母就会反复提醒孩子要多穿衣服、要带伞，他们从早上起床的时候就开始说，孩子吃饭的时候又说，等孩子出门的时候还说。这就会让孩子觉得大人非常啰唆。实际上，父母过分的叮嘱，不但不能起到预期的效果，反而会让孩子产生"超限效应"，让孩子感到腻烦，或者孩子因为唠叨听得太多，已经麻木了。

有关心理学研究表明：如果父母对孩子卧室的卫生状况总是唠叨不停，孩子可能会反其道而行之，让卧室的卫生状况变得更差。因此，父母在教育孩子的时候，一定要注意"度"的把握，要采用合理的教育方法，否则父母会因为过于唠叨而招致孩子的怒气，这样反而达不到教育效果。

陈磊原本是个十分听话的孩子，妈妈对陈磊的照顾可以说是事无巨细，凡事都要一一嘱咐，生怕他做不好。小时候，陈磊都是按照妈妈说的去做。随着年龄的增长，陈磊觉得自己已经长大了，许多事情不用爸爸妈妈来嘱咐自己了，可是爸爸妈妈还是把自己当成小孩一样去对待，尤其是妈妈。

每天早上，妈妈都会唠叨："都什么时候了，快点起床，再不起床就要迟到了。"可是陈磊自己心里有数，而且他定着闹钟呢，到点了他自然会起来，根本就不需要妈妈提醒他。好不容易起来了，到了吃早饭的时候，妈妈则开始说："时间不早了，快点吃，再慢吞吞就赶不上上课了。"陈磊忍不住抱怨："你不是说吃饭要细嚼慢咽的吗？"妈妈瞪了他一眼说："还顶嘴，赶紧吃，谁让你不早起来的！"等陈磊收拾完准备出门的时候，妈妈还要唠叨："多带件衣服，等冷的时候穿，热了就脱下来。对了，你的课本都带上了吗？作业有没有落下啊……"终于走出家门后，陈磊深深地吐了一口气。

到了晚上，陈磊想看看自己喜欢的电视节目，妈妈又在耳边说："还看电视！作业写完了吗？不用复习吗？"可是陈磊明明刚打开电视。

有时候他回家晚了，妈妈会说："怎么回来这么晚？在外面没有惹事吧？以后一个人不要到处乱跑，多危险啊！"

妈妈完全把陈磊当成一个不懂事的小孩子来看，可是陈磊

多给孩子一些决策空间

对于青春期的孩子来说，他们已经有了独立决策的能力了。因此，父母不妨做出以下一些改变：

尽量让孩子自己做决策，甚至可以为孩子制造一些自主决策的机会，锻炼孩子的决策能力。

给孩子一定的权利，让他对自己做的决定负责。比如，他的房间可以归他自己管理，父母只有建议权，孩子有决定权。

等孩子向父母伸手、希望获得帮助的时候再出手，不要在旁边一直唠叨，而应该默默支持。

如果父母能做到以上几点，必然会减少很多不必要的唠叨，这样孩子既能不用再忍受父母的唠叨，还能锻炼自己的能力。

已经是个中学生了。妈妈这样唠叨个没完，陈磊觉得烦透了，但是又不好发作。

有一次，陈磊考试的成绩不是很理想。在班上，老师批评了他，这让陈磊十分难过。可是一回到家，爸爸妈妈又开始唠叨个没完："这次怎么考得这么差？上课的时候都听什么了？你是不是最近有什么心事啊？学习一定要用心才行，要知道'少壮不努力，老大徒伤悲'啊！现在好好学习，你将来才不会后悔，要不以后后悔也晚了……"见爸爸妈妈唠叨个没完，陈磊实在是受不了了，于是他不顾一切地喊道："你们怎么这么烦，不就一次没有考好嘛！至于唠叨成这样吗？"说完，陈磊跑回自己的房间，"砰"的一声把门关上了。

父母的唠叨的确会影响亲子关系，许多孩子都像陈磊一样，开始的时候可能还会忍受父母的唠叨，但是内心已经十分厌烦了，如果父母长此以往下去，终有一天孩子会爆发的，到时候再来关注亲子关系就晚了。所以，如果父母想要让孩子不厌烦自己，就要努力克服自己唠叨的习惯。父母应该了解孩子的心理特点，每一个时期的孩子都有一定的心理特点和心理需求，父母应该据此来对待孩子。孩子在很小的时候，什么也不会做，也没有独立意识，这个时期往往是父母说什么，孩子就做什么。但是孩子慢慢长大，他们逐渐有了独立意识，父母就应该把孩子当成大人一样对待，孩子自己的事情就让孩子自己做决定。比如，今天要不要穿厚衣服，就让孩子自己决定，如果他不穿而天气又实在太冷，父母也不要担心，不妨就让孩子承担一次自己决策失误带来的后果，这样，下次他就会懂得该做什么样的决定了。这样做不但省去了父母的唠叨，不会让孩子心生厌烦，而且还逐步锻炼了孩子的决策能力。

其实，作为父母，当然应该给孩子一定的建议，但是只需要建议就好，而且千万记住再一再二，不能再三，就是说父母给孩子建议的时候，说一次两次就可以了，千万不要再说第三次了。因为孩子讨厌听到不断重复的话，而且只要父母确定孩子听到了自己所说的话就够了。如果孩子愿意接受你的建议，你只需要说一遍他就会采纳；如果孩子不愿意，你就算说再多遍，效果也是一样的，孩子并不会因为你唠叨的次数多就更听话，有时可能会适得其反。

所以，父母应该多聆听孩子的想法，用心去感受孩子成长中的变化，父母应该合理引导孩子，而不是把自己的想法强加给孩子。好的教育是让你的教育方式适应孩子，而不是让孩子适应你的教育方式。

○ 说孩子"笨"，使不得

在我国的传统教育中，人们普遍认为谦虚是一种好品质。当然，这是事实，但是有些父母却过于谦虚，在别人夸自己的孩子时，他们总是会说自己的孩子如何不好，这原本是大人之间的客气话，但是孩子听到后，会认为自己不够优秀，这难免会让孩子有些伤心。

除此之外，对于孩子的一些类似唱歌的时候会跑调、写字的时候总是看一笔写一笔、孩子不会跳绳、孩子拍不起球来……这些看似并不起眼的问题，许多父母都会遇到，父母就把这些自认为"简单"的事归咎为孩子笨。许多父母甚至是老师在批评孩子的时

孩子不爱动脑筋的表现

许多父母觉得孩子笨，是因为现在的孩子不太爱动脑筋。其实，具体来说，孩子不爱动脑筋主要表现在两个方面：

1 日常活动中

在日常生活中，孩子就不爱动脑筋，父母问孩子问题时他们总是会说"不知道"。

2 学习活动中

在学习上，孩子不主动思考问题，总是想偷懒找现成的答案。

其实，父母觉得孩子笨，是因为父母的教育方法不对，才造成了孩子不爱动脑筋思考问题。因此，孩子出现了问题时，父母首先应该检讨自己，而不是责备孩子。

候，常常会用"你真笨"这三个字，粗俗一些的人可能会对孩子说两个字"笨蛋"。

孩子在小的时候，通过成年人的引导使孩子建立起自信心对孩子起着很大的作用。父母是应该鼓励孩子，让他们从失败中站起来呢，还是让他们在失败后认为自己的头脑不好——笨，从而永远背着这个包袱生活呢？从生理学的角度看，凡是人们不感兴趣的事，人们往往都会干不好，不感兴趣会使头脑闭塞僵化，而充满兴趣会使头脑开放活跃。一个认为自己笨的孩子，他的脑子自然而然地就会处于闭塞状态。因此，父母千万别用"你真笨"束缚了孩子的头脑，因为这样的话语还会引起孩子的自卑心理，让孩子以后的生活受到不良心理的影响。

现代科学研究证实，发育正常的孩子之间，天生智力并没有多大差异。人的大脑的利用率通常不到20%，一般孩子学习水平的差异，不是聪明与愚笨的差异，而是由于被激活的智力潜能的不同所造成的，条件不同的孩子通过有针对性的训练都会变得聪明起来。俗话说："捧一捧，就灵。"捧，并不是一味地迁就，说漂亮话。怎么捧，还得有的放矢，注意点儿方法和技巧。

比如，在一次测验中，孩子的成绩不太好，自己觉得不好意思，父母就不要一味地指责孩子没有好好学习，而应该对他说："你不是能力不行，也不是基础差，更不是不如别人，是你太粗心了，没有读懂题目，不然，凭你的能力是完全可以做对的！"父母的这种有意的错误归因，既维护了孩子的自尊心，避免造成孩子心理上的问题，又增添了孩子的自信心。捧一捧，让孩子在今后的学习中能找到方向，看到希望。

小杰的父母都没有上过大学，所以就希望小杰能学习好，将来考上大学给家里争光。因此，父母对小杰的教育十分严格。小杰每天除了完成学校的作业，还有许多父母给他布置的作业要做。周末，小杰还要去上辅导班。

为了让小杰能有一个好的学习环境，妈妈几乎什么都不让小杰干，专门空出一个房间来给小杰学习用，谁都不能进去打扰他。即使是这样，小杰的成绩也并不理想，勉强算中上游水平。

以前，无论小杰考得如何，他从来就没有听到爸爸妈妈表扬过自己。爸爸妈妈总是叮嘱他要好好学习，如果成绩稍有退步，爸爸妈妈就会狠狠地批评他一番。这让小杰觉得自己不够聪明，即使很努力了，成绩还是上不去，这让小杰的压力很大。

有一次，小杰的英语考了 90 分，虽然看起来也是不错的成绩了，但是因为小杰以前的成绩都比这次要好一点儿。因此，爸爸看到试卷上的成绩后，气得直接打了小杰一巴掌，训斥道："你怎么这么笨啊！别人要是有你的这些时间和条件，早就考100 分了，你看看你自己，能干好什么呀？"

在班里，小杰发现学习委员整天都在和别人聊天开玩笑，但是她的成绩却很好，自己这么用功反而成绩不如她，也许爸爸说得对，自己确实是笨。小杰越是这样想，成绩越是往下滑。

孩子不会思考的原因

　　许多孩子在别人问他们问题的时候，总是想都不想就说"不知道"，于是父母就开始担心是不是孩子太笨了，想不到答案，其实孩子只是不喜欢思考而已，而这与家庭教育有很大的关系。

❤ 1　父母对孩子的过分溺爱

　　父母对孩子的一切事情都包办，这让孩子养成了依赖心理，遇到事情就找父母，自己懒于思考。

❤ 2　教育方法不对

　　孩子在回答问题的时候出错了，父母就说孩子太笨，这会打击孩子的自尊心，孩子也就不愿意再思考问题了。

　　当然，也有少数孩子的外表看起来和别的孩子一样，但是他们的智力确实有问题，心理学上称之为边缘状态。这一类孩子，对于别人提出的问题确实不懂得思考。

　　在后来的一次测验中，小杰只考了 80 分。爸爸对小杰又是一顿数落，说："我怎么就生出你这么个笨孩子啊？你整天都在干什么呢？下次再考不好，你就等着挨打吧。"小杰有些害怕，也有些自暴自弃，觉得自己可能真的是没有别人聪明，怎么学也赶不上别人。就这样，小杰在学习上没有了自信，成绩也逐渐下滑，后来，竟然成了差生。

————————————————————

小杰真的笨吗？答案是否定的。如果小杰笨的话，开始怎么可能是中上游水平呢？只是因为爸爸屡次说他笨，他也觉得自己笨，使得小杰的自信心逐渐消失，小杰逐渐有了自卑心理。在自卑心理的作用下，他的潜能自然不能很好地发挥。所以说，他并不是笨，而是因为他的心理上出现了问题，从而造成了所谓的"笨"。

所以，在孩子出现一些小的失误或者错误的时候，父母不要说孩子笨，而是要多从孩子的角度来考虑问题。只要父母教育孩子的方法灵活些、高明些，多鼓励、多表扬孩子，让孩子的心理由"我真笨"转变为"我能行"，那么，孩子才能不断进步，变得聪明。

当然，父母也不要过多地责备孩子遇到事情不懂得思考，许多孩子之所以不会动脑筋想问题，大多也和家庭教育有关系，只要父母能够用正确的方法教育孩子，孩子自然就爱动脑筋，变得聪明了。陶行知先生说过："你的教鞭下有瓦特，你的冷眼中有牛顿，你的讥笑中有爱迪生。"做老师的不能对孩子冷眼相看，做父母的更不应该如此。只有对那些暂时未开窍的"瓦特""牛顿""爱迪生"不施以鞭教、冷眼和讥笑，保护好孩子的自尊心，多给孩子一点关爱，增强孩子的自信心，这样才能真正教育好孩子。

○ 在意孩子的缺点让他更自卑

有的父母通过各种方式去求证自己的孩子聪明与否，然后武断地给孩子贴上"聪明"或"不聪明"的标签。有的父母担心孩子输在起跑线上，便焦躁不安地想要寻取一剂"妙药"，以求可以快速改变孩子的资质。其实，世上并没有能把孩子变得聪明伶俐的灵丹妙药，父母应该关心的，是怎样才能更好地了解自己的孩子，然后根据孩子的心理特点，找对教育孩子的方法，这样才能真正教好孩子。

然而，许多父母总是抓住孩子的一些缺点或者弱点不放。有的孩子唱歌唱不好，父母就一直说自己的孩子不会唱歌，可能只是唱得不好的孩子就变得真的一首歌也不愿意学了，这样他们就真的不会唱歌了。这说明，如果父母太在意孩子的某一个缺点，这个缺点就真的会耽误孩子的成长。作为父母，总是一味地盯着孩子的弱点，总觉得自己的孩子一无是处，这样一定不可能把孩子教好。叶圣陶老先生曾说："一味地强调孩子的弱点，那么这个弱点将伴随孩子的一生。"

心理学家研究表明，自我意识在人的发展与成就中起着至关重要的作用。因为人的行为、感情，甚至才能，经常受到自我意识的支配。很多时候，你把自己想象成某一种类型的人，你就会按照那种类型的人的特征去行事，去塑造自己。如果把自己想象成成功者，你就会按照成功者的蓝图去施工，最终获得成功的概率就会很大。如果把自己认定为无所作为的人，你必然在生活中缺乏进取的干劲，最终可能会得到失败的结果。而孩子的心理发育还不成熟，在他们成长的过程中，父母的肯定是孩子前进的最大动力，如果父母总是在意孩子的缺点，并有意无意地提到孩子的缺点，孩子就会认为自己确实不行，从而失去自信心，逐渐地，真的就成为父母所说的那样的人。

所以说，孩子的心灵深处最强烈的渴望和所有的成年人一样——渴望得到别人的赏识。许多父母在孩子刚刚学会走路、学会说话的时候，本能地看到孩子的优点，总是会夸奖孩子的每一点进步，并为之自豪，在这样的教育中，孩子会受到鼓励。但是，随着孩子逐渐长大，尤其是在孩子上学之后，父母就开始不断怀疑孩子，认为孩子这也不行，那也不行，他们批判的目光总是盯在孩子的缺点上，却把赞扬的目光投在别人家的孩子身上。都说父母的目光就像阳光，照到哪里哪里壮。孩子就好比一棵果树，果树有果枝（优点），也有疯枝（缺点），如果阳光一直照在疯枝上，疯枝就会越长越壮，最后果树颗粒无收；阳光如果一直照在果枝上，果枝就会越长越壮，最后果树必将是硕果累累。

丹丹是个长得非常可爱的小女孩，上小学二年级。丹丹几乎是在赞美声中长大的，爸爸妈妈对她也是赞不绝口。但是，自从丹丹上小学之后，她就彻底被邻居家的小姐姐比下去了，爸爸妈妈张嘴就是"你看看人家学习多好""你看看人家钢琴弹得多好"……而自己什么都不会，学习成绩也一般，总是会被爸爸妈妈教训，丹丹觉得自己真的是太笨了，什么都学不好，难怪爸爸妈妈都不再表扬自己了呢。

这样的想法让丹丹很自卑，她走路的时候也不好意思抬头了，总是低着头。妈妈看到后说她："走路也没个走路的样子，你低着头怎么走路？不用看前面的车吗？"于是，丹丹就再抬起头来走。丹丹的头是抬起来了，但是丹丹的心却没有"抬"起来。丹丹的成绩每次都不好，其实她的语文成绩还是不错的，有的时候还能考班里的第一名呢，就是因为数学成绩太差了，所以总成绩也就不好了。每次考完试，丹丹拿回两张卷子，爸爸妈妈看到语文试卷也不说什么，但是一看到数学试卷，就开始唠叨个没完："你数学怎么考的，这么简单的题都能做错，数学就这么难吗？你看邻居家的小姐姐成绩多好啊！你没事就跟人家学学，让姐姐教教你啊！"

丹丹觉得数学确实不好学，可能自己真的学不会数学吧。于是，上数学课的时候，丹丹就算有听不懂的地方也不会问，觉得自己反正就是学不会，问了也是白问，就这样，丹丹的成绩逐渐开始下滑。现在，丹丹的数学成绩很难有及格的时候了。爸爸妈妈想给丹丹补习数学，丹丹也没有听的心思，还说自己就是学不会，不愿意学习数学了。妈妈回想丹丹刚上小学一年级的时候，有时数学单元测试还能考到 90 分，现在怎么连及格

用赏识成就孩子的自信

父母的赏识是孩子成才的重要力量。所以，父母应该运用赏识的方法激励孩子，培养孩子的自信。

1 用赏识帮孩子建立信心

父母的赏识和夸奖是提升孩子自信心最有效的方法。因此，父母要学着赞美孩子。

2 鼓励孩子学会尝试

孩子只有在不断尝试中，才能获得成功的喜悦和人生的体验。

3 给孩子指出正确的努力方向

给孩子一个明确的努力方向，比抽象、模糊的语言更能帮助孩子成功。

孩子只有有了自信，才能接受新的挑战，学会更多知识，并不断取得成功。因此，在对孩子的教育中父母应该多赏识、鼓励孩子。

都难了呢？

为什么丹丹的数学成绩越发不好了呢？如果一开始父母能够鼓励丹丹，帮助丹丹分析数学没有考好的原因，而不是责备丹丹笨，那么丹丹就不会认为自己确实学不好数学，也就不会排斥数学。因此，孩子的一些缺点或者不足，如果父母反复提及，会让孩子的缺点和不足得到强化，而且还会伤害孩子的自尊心，使其丧失信心。

因此，赏识孩子才能教育好孩子。教育专家提出应该对孩子实行"赏识教育"。而心理学专家认为人性中最本质的需求就是人们渴望得到尊重和欣赏。"赏识教育"的特点就是注重孩子的优点和长处，让孩子在"我是好孩子"的心态中觉醒。心理学专家认为：赏识，其本质是爱。学会赏识，就是学会爱，换句话说，"赏识教育"就是爱的教育。

然而，中国人含蓄而内敛，情感不善外露。父母对孩子、老师对学生，责罚多、鼓励少，这样的做法在很多方面都挫伤了孩子的积极性。多少年来，责罚和抱怨教育一直盛行，它们最大的特点就是把孩子当成被动的受教育者，无视孩子的权益和个性，强调孩子的弱点和短处，因此导致中国孩子个性的缺失。当然，任何教育方式都有其局限性，"赏识教育"也是一样，如果父母一味强调孩子的优点，过分夸大孩子的长处，就容易让孩子形成"自我中心意识"，从而造成孩子自私自利、心胸狭隘、霸道的性格。因此，就算是"赏识教育"，父母也一定要掌握好一个"度"，虽是赏识，却不可过分赏识。

总之，如果父母发现孩子有问题，要采取"疏"的方式，而不能采取"堵"的方法。不良情绪会对人造成很大的伤害，一旦孩子有了情绪波动，父母应该给孩子提供一个安全的宣泄途径。父母一定要注意不要在外人面前或者直接在孩子面前反复强调孩子的弱点，对孩子进行否定评价，这样做会对孩子的心理造成很大的伤害。父母都应该从生理和心理两方面多关心正处于成长期的孩子，使他们能够顺利度过美好快乐的时光。

○ "冷暴力"危害大

"你看看别人家的小孩子多聪明啊，你都学了些什么呀？""如果下次再考试不及格的话，你就不用进家门了。""你的脑袋是被驴踢了吗？""都跟你说多少遍了，你怎么就不长记性呢？""你真是太让爸爸妈妈失望了，我们不管你了，你爱怎么样就怎么样吧。"……相信在许多孩子的成长过程中，他们都会听到父母这样的话语，这虽然不是对孩子进行"棍棒教育"，但是这些语言对孩子的打击却一点儿也不亚于父母的棍棒。有关心理学家认为，这种现象属于家庭教育中的"冷暴力"，也就是父母在教育子女的时候经常用语言对孩子施暴。

以前的父母都认为"棍棒底下出孝子"，而现在的大多数父母舍不得对孩子动手动脚，于是就用"冷暴力"来对待犯错误的孩子。虽然没有了挥舞的棍棒，但是父母的嘲讽、恐吓仍然会像一把把锋利的匕首一样刺进孩子弱小的心灵，使孩子深陷自卑、自责的心理泥沼不能自拔，以至于一些孩子长大成人之后还深受其害。南京大学费俊峰副教授对此痛心疾首地说："对于孩子，'冷暴力'给他们的身心带来的伤害更大，其隐蔽性也更强，许多孩子因此落下病根，甚至十多年后也未必能驱散这个阴影。"

从心理学的角度来说，家庭教育中的"冷暴力"对孩子其实是一种精神上的虐待。江苏省有关部门曾经对全省4000多名中学生进行过一次调查。经调查后发现，一般的家庭都存在"冷暴力"，其中，有28.1%的父母对孩子感到不满意的时候就会进行威胁和恐吓，有17.2%的父母对孩子采取不理不睬的态度，有8.2%的父母对孩子进行嘲讽和挖苦。很显然，"冷暴力"现象在家庭中已经是非常普遍的现象了。处在成长期的孩子心理发育尚未成熟，而孩子一般对父母有崇拜的心理，因此，父母不经意的一句话都会被孩子看得非常重要。此时，如果父母采取"冷暴力"的教育方式，很容易让孩子产生自卑心理或者患上自闭症。

那么，家庭教育中的"冷暴力"对孩子究竟会造成什么影响呢？有关专家认为："冷暴力"会潜移默化地影响孩子的性格和成长，可能会导致孩子产生退缩性人格，或性格暴躁、富有攻击性。所谓退缩型人格，就是说孩子长期不自信，有浓厚的自卑感，不敢与人交流。性格暴躁的孩子，他们的内心充满"攻击性"，性格偏激，心胸狭隘，容不得别人有不同的意见，对他人

"冷暴力"的三种常见形式

"冷暴力"是现在家庭教育中非常常见的一种现象，具体来说，"冷暴力"有三种常见的形式：

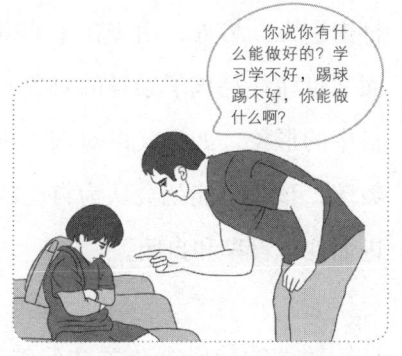

其一，父母对孩子采取不搭理的态度，漠视孩子的存在，对孩子的生活和学习都不关心。

其二，父母过度批评孩子，甚至对孩子全盘否定。一些父母对孩子的期望太高，结果孩子出现错误的时候他们就会过度批评孩子。

其三，当父母对孩子的行为或者成绩等感到不满意的时候，就对孩子进行威胁和恐吓。

相比较而言，第三种形式更为常见，许多父母都会对孩子说出带有威胁或者恐吓意义的话。

和社会可能会采取过激的行为。从孩子的心理特点上我们应该有所了解，年龄较小的孩子有很强的模仿性，他们会模仿父母的行为和语言，从而变得很容易像父母一样暴躁，动不动就会嘲讽和打击别人。另外，由于孩子非常在乎自己在别人心目中的形象，而父母往往是孩子崇拜的对象，因此孩子更加在乎自己在父母心目中的形象。如果父母对孩子进行冷嘲热讽，对孩子进行打击和数落，孩子可能就会认为自己的确不行，从而逐渐失去自信心，进而变得自卑和自闭。

瑞瑞的父母十分关注他的学习情况，为了能让瑞瑞有一个好的学习成绩，爸爸专门在学校附近租了一套房子，全家搬到学校附近住。而且，每天放学回家后，在完成老师布置的作业之后，爸爸还会再给瑞瑞辅导一个小时。周末，瑞瑞还要参加各种课外辅导班，他几乎每天都是在学习中度过的。

瑞瑞说自己从来没有过过暑假和寒假，每次到假期的时候，他比上学的时候还累，要学的东西更多。瑞瑞的成绩不错，几乎每次考试都在前几名。

但是，也有让瑞瑞受不了的事情，就是只要自己考得不好，妈妈就会大嗓门训斥他，说得好像瑞瑞一无是处一样。就算瑞瑞作业有一处小的错误，爸爸或者妈妈也会说他："你眼睛长到哪里去了？这么大的错误你看不出来吗？"

有一次，瑞瑞的考试成绩下降了5名，这可了不得了，妈妈将试卷扔在瑞瑞的脸上，说："你对得起爸爸妈妈的付出吗？你就这么没有本事是不是？下次你要是再考成这个样子，以后就不用上学去了，去了也是白去，花那个冤枉钱干什么？"

爸爸妈妈总是这样，只要自己稍有不好，他们就会大声训斥。瑞瑞整天唯唯诺诺的，就知道看书学习，不知道怎么和同学相处，看到别的同学都是三五成群地玩闹，瑞瑞羡慕极了，没有人邀请瑞瑞一起玩，因为大家都知道，瑞瑞是个书呆子。这让瑞瑞十分自卑，觉得自己真的除了学习一无是处，有时学习还学不好，自己真的是太笨了。瑞瑞越是这样想，心里就越焦虑不安，上课的时候他也不能好好听讲了，满脑子都是爸爸妈妈说自己的那些话，还有同学们说他是书呆子的话。渐渐地，瑞瑞不愿意和同学接触了，总是放学就自己跑回家，他也越来越暴躁，心里好像有一团火，不知道怎么发出来。

瑞瑞原本会成为一名学习非常好的孩子，因为他本身就很努力。但是因为爸爸妈妈管教太严，而且他们经常对他实施"冷暴力"，让瑞瑞不堪压力，产生了心理问题，瑞瑞的成绩自然就会下滑，那么父母又会对瑞瑞实施"冷暴力"。在这样的恶性循环中，受害的是瑞瑞。

当然，除了家庭中的"冷暴力"，近年来，校园中的"冷暴力"也越来越受到人们的关注，有些老师对于学习不好又很调皮的学生往往会采取一种放任自流的态度，就是既不打也不骂，只是把他们的座位调到最后一排，上课的时候几乎不会叫他们起来回答问题，仿佛他们不存在一样。另外，也有一些老师习惯以一种高高在上的姿态站在孩子面前，对孩子非常严厉，往往把教育变成了教训。

然而，"冷暴力"并不能教育出好的孩子，尤其是对处于成长期的孩子，这个时期的孩子需要父母和老师的关怀，他们需要鼓励、需要赞赏。"冷暴力"只会让孩子越来越糟，而且给孩子的心理造成很大的伤害。所以，父母要想在对孩子的教育中取得好的效果，就必须多关注孩子的情感需求和心理需求。多和孩子沟通，用关爱的语言代替嘲讽和威胁，多赏识和赞美孩子，那么，孩子才会健康快乐地成长。

第二章
开始出现沟通难的问题

○ 孩子经常对父母说，"我只想一个人待着"

现在的孩子，成长越来越受到父母的重视，许多父母也开始明白和孩子沟通的重要性。但是，却也有许多父母觉得十分不解，孩子小的时候还可以和自己无话不说，就像朋友一样相处，为什么孩子长大了，竟然排斥与父母交流，并且会疏远父母？有时，父母想关心孩子，想和孩子沟通一下，结果却惹得孩子厌烦，孩子甚至还会说想自己一个人待一会儿，不让父母打扰自己，这是怎么回事呢？难道真的是孩子长大之后就开始厌烦父母，不喜欢父母了？

其实，父母完全不必有这样的担忧。孩子想一个人待一会儿是孩子正常的心理需求，并不是他们厌烦父母了，更不是讨厌父母。孩子在逐渐有了自我意识之后，开始会有自己的想法，他们需要时间和空间来进行独立的思考。这个时候，孩子和大人思考的时候一样，都不希望被人打扰，所以，他们希望自己待一会儿。例如，孩子在幼儿园玩耍、学习了一整天之后回到家，他需要安静地独处片刻，仔细回想一下自己一天的活动，只有动静结

不同年龄段孩子的独处特点

每个年龄段的人都需要独处的时间，在这个时间里，他们可以思考或者独自探索，而孩子也是一样。

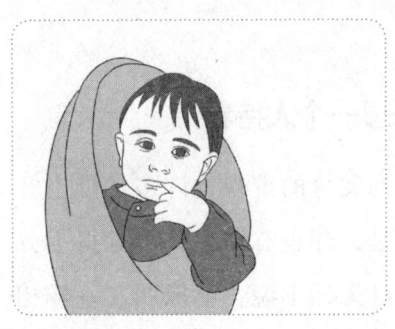

我带着你去找水，你乖乖爬就行了。

1 0~1岁

孩子咿咿呀呀地说话，或者玩弄自己的小手和小脚，他们很享受这种独处的时光。

2 1~3岁

自言自语，或者和自己的玩具交流，孩子开始喜欢自己去探索这个未知的世界。

你们都等着，我等会儿就让你们排队。

3 3岁之后

独处时的花样更多，孩子开始喜欢自己玩自己能主宰的游戏，或者把旧玩具玩出新花样来。

如果父母过度教导，时时刻刻陪在孩子身边，不给孩子留下独处的时间和空间，会使孩子丧失很多自我探索的机会。

合才能让孩子的神经得以舒缓，这对孩子的健康成长是非常有利的。

　　所以，父母不要只是抱怨孩子不和自己亲近，只要孩子思考完成之后，孩子自然会主动和父母交流的。因此，营造一个安静轻松的环境让孩子可以回顾自己白天学习的内容和玩耍的游戏，这不但可以增强孩子的记忆力，也可以让孩子学会反思，并得以放松。如果父母寸步不离地陪着孩子，可能会打乱孩子的思路，打扰孩子的放松与休息。

　　对于更大一点的孩子更是如此，孩子越大，他们需要思考的东西就会越多，他们需要一个安静的环境来完成自己的思考，此时父母如果强行和孩子交流，只会打断孩子的思路，让孩子十分厌烦父母的行为。其实，不管是多大的孩子，都需要自己独处的时间，他们会通过这段独处的时间思考东西。而许多父母认为，孩子还小，能有什么需要思考的呢？一个问题对于大人来说可能是非常简单的，但是对于年龄小的孩子来说，他们却需要经过一番思考才能想明白。孩子的这个过程父母是帮不上忙的，而且在这样的一个独处的过程中，孩子不但可以放松自己，也可以从中学到很多东西。如果孩子一个人玩腻了，他们自然就会通过哭闹或其他方式来引起父母的注意，这个时候父母再陪孩子玩耍就可以了。

　　当孩子逐渐长大，有了自己的独立意识之后，他们更会认为通过自己思考学会的东西远比父母教给自己要好得多。所以父母应该给孩子独处的时间，给他们自主探索世界的机会。

凯凯已经上小学了，凯凯的妈妈是接受过高等教育的人，她非常注重亲子关系的培养。从凯凯很小的时候开始，妈妈就把凯凯当成一个平等的朋友一样对待，非常尊重凯凯的意见。因此，凯凯十分乐意和妈妈沟通，有什么事情他都会告诉妈妈，也很喜欢和妈妈一起玩游戏。后来，凯凯逐渐明白一些道理之后，母子俩就像是好朋友一样，常常一聊就是半个小时。妈妈常常为和儿子保持这种良好的关系感到自豪。

但是，在凯凯上了小学之后，妈妈明显感到凯凯的时间有些紧张，但是为了维持原先的良好关系，妈妈还是每天都抽出时间和凯凯说说话。但是，凯凯上小学之后的作业增多了，经常要写一个小时才能写完，写完就该吃饭了，吃完饭凯凯还要看动画片，能分给妈妈的时间很少。妈妈就趁凯凯写作业的时候，过去给凯凯倒杯饮料，或者给凯凯拿个水果，有时还会在凯凯身后看看他的作业完成得怎么样了……这让凯凯有些厌烦，觉得妈妈总是这样，会打扰自己的，自己的思路总是会被妈妈打断。因此，有的时候，凯凯实在忍不住了，就对着妈妈说："你就不能让我一个人待一会儿吗？"

听到凯凯说这样的话，妈妈先是一愣，接着感到有些伤心，妈妈觉得自己想要和孩子建立良好的关系，想要多关心一下孩子，想和孩子说说话，为什么孩子会把自己往外赶，想要

不同年龄段的子女和父母的关系

成长期的孩子与父母的关系可分为三个阶段：

妈妈，妈妈，青蛙怎么折呀？

1 0~3岁

这个时期的孩子非常依赖父母，尤其是妈妈。

2 3~10岁

这个时期的孩子认为父母无所不能，他们也非常崇拜自己的父母。

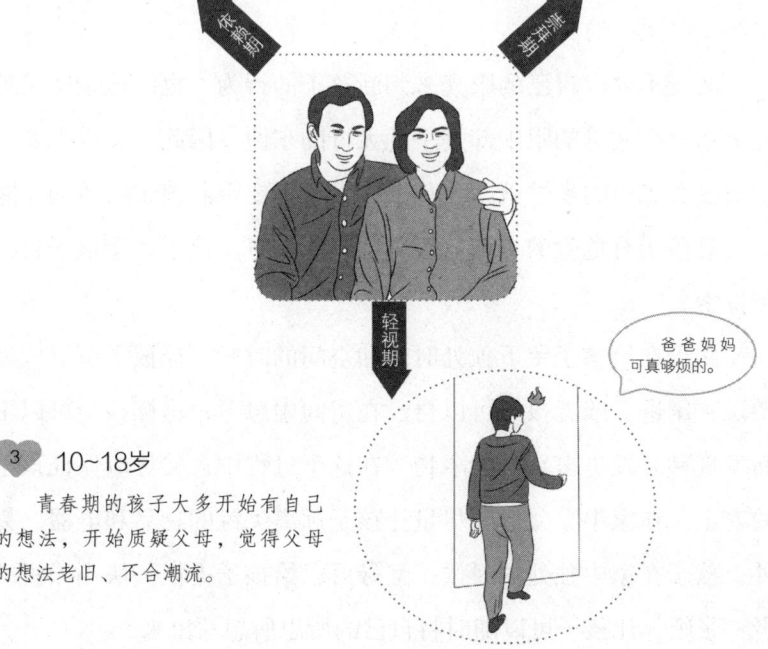

依赖期

崇拜期

轻视期

爸爸妈妈可真够烦的。

3 10~18岁

青春期的孩子大多开始有自己的想法，开始质疑父母，觉得父母的想法老旧、不合潮流。

一个人待一会儿呢？是孩子讨厌自己了吗？还是自己哪里做错了，让孩子生气了呢？以前，凯凯可是从来没有这样对待过自己啊！

相信许多父母都会遇到这样的情况，自己忙前忙后想要让孩子更加舒服一些，或者想跟孩子说说话，想要多了解一些孩子的情况，但是孩子却希望能自己待一会儿，好像很烦父母一样。其实，任何年龄段的人都需要独处的时间，并不是只有大人才会有这样的需求，孩子也是需要的，父母也不用担心，孩子只是在思考，或者他们需要安静的环境，等他们思考完了，自然还是会喜欢和父母说话的。

父母不要以自己的眼光来判断孩子的行为。也许孩子感兴趣的事物，在父母的眼中却是平凡无奇的东西。因此，父母不要自认为没有意思的事情就不让孩子去做，不要限制孩子的活动，除非是对孩子有危险的事情，否则父母应该尊重孩子，让孩子自己去探索。

父母在给孩子留下独处时间和空间的时候，让孩子可以到处游玩和闲逛，或者孩子可以自己在房间中思考，这样孩子可以不断发现和开发更多新奇的事物。在这个过程中，父母应保证孩子的安全。在家中，父母要尽量让孩子远离尖锐的物品和电器。另外，孩子在家中独处的时候，父母可以给孩子提供一块小黑板或者一张纸，让孩子可以随时将自己的所思所想写出来。

○ 孩子竟然说"说了你们也不懂"，怎么办

孩子非常在乎父母是否真的关心自己，也希望父母多关心自己，当孩子心里有疑惑和不解的时候，他们第一时间想到的询问对象就是父母。所以，许多孩子小的时候都喜欢缠着自己的爸爸妈妈问这问那，就好像孩子的脑袋里装着十万个为什么一样，而父母就是他们的百科全书，好像无论什么样的困难和问题，只要有父母的帮助，都可以迎刃而解。

随着孩子年龄的增长，孩子找父母问问题或找父母倾诉会变得越来越少。一方面，因为孩子的不断成长，他们逐渐明白了许多道理，而且孩子的心理逐渐成熟，他们认为自己已经懂得很多了，没有必要再向父母请教了；另一方面，父母该反省一下在孩子前来提问的时候，是不是自己没有专心给孩子解答疑惑，没有静下心来倾听孩子的心声，这才导致孩子再也不愿意把心扉对父母敞开，和父母进行沟通了呢？

许多父母都以自己很忙为理由拒绝孩子，从而忽视了孩子在成长期的心理需求，使得孩子觉得父母不理解自己，而父母则觉得孩子不理解父母，不愿意和父母沟通。

曾经有一份心理调查问卷对100名学生做了调查，调查结果显示，认为父母理解自己的学生仅占44%，有56%的学生认为父母并不理解自己，这56%的学生中有10%的学生更是认为父母"根本不能理解自己"。许多学生都认为父母只是关心自己的成

如何跟上孩子的脚步

许多处于青春期的孩子不愿意和父母交流的其中一个原因就是：父母思想老旧，已经跟不上孩子的脚步。因此，父母可以这样做：

1 和孩子一起探讨时尚

主动去学习、了解孩子感兴趣的知识，和孩子有了共同的话题后，孩子自然愿意和你沟通。

2 家庭教育与时俱进

不要再简单粗暴地命令孩子怎么样做，父母应该了解孩子的思想，关注孩子的想法，合理引导孩子。

其实，父母想要让孩子和自己多沟通，最好的方法就是父母要蹲下身来，和孩子建立一种平等的朋友关系，让孩子的世界真正接纳父母。

绩而非关心他们本人。调查发现，许多父母看到孩子没有考到高分就会批评孩子，他们根本不管考试的难易程度不同，也不会听孩子的解释，只是唠叨和强调孩子的成绩。这难免会让孩子觉得父母不理解自己、不关心自己，父母甚至都没有想要理解和接纳自己的欲望，因为有时候孩子解释了，父母也不相信孩子，还以为孩子是在给自己找借口。

当然，也不排除现在有许多孩子进入青春期以后，开始有了自己的思想，开始有了想要摆脱依赖父母的想法。心理学家研究发现，12至17岁这个年龄段的孩子最让父母担忧，是最不省心的。这个年龄段的孩子，为了证明自己已经长大了，为了证明自己的思想是成熟的，他们开始质疑自己的父母，认为父母的想法太老土、观念跟不上时代的潮流等。因此，在遇到一些问题的时候，他们不再参考父母的建议。父母与孩子认知上的差距会加剧彼此之间沟通的难度。

当孩子遇到烦恼和困惑的时候，最应该找的就是父母，但是由于代沟和沟通不畅等原因，有近60%的孩子选择自己解决问题，有将近35%的孩子表示遇到烦恼只会"闷在心里"。还有的孩子用看小说、玩游戏，甚至自虐的方法来排解困扰。我们相信，父母都是善意的，都是为了孩子能够更好地成长，也许有的父母想法跟不上孩子的潮流脚步，但是父母的初衷一定是为了孩子好的。因为父母和孩子的想法不一样，或许有的时候父母有些过于强势，再加上孩子正处于叛逆期，所以彼此互相不理解、不退让，这样只会让孩子离父母越来越远，孩子逐渐不再信任父母，有时孩子还会说一句"说了你们也不懂"，使得父母与孩子间的对话完结在刚刚开始的时候。

茜茜今年 13 岁，已经是个中学生了，她经常和好朋友一起玩，一起交流心得。她对爸爸妈妈却十分冷淡，几乎没什么事情会和他们说上几句话。有时，妈妈想要茜茜陪自己逛街，茜茜总是会一口回绝："我们的眼光不一样，你还是自己去吧。"

茜茜每次回到家，不是在自己的房间里玩电脑，就是和朋友打电话聊天。妈妈想了解一下她最近的学习情况，茜茜都会不耐烦地说："就知道问学习，你能不能问点别的事啊？"茜茜根本就不回答妈妈的问题。妈妈觉得茜茜都上初二了，课业应该很紧张了，就不让茜茜玩电脑，让她多学习，茜茜却说现在谁还看书学习啊，都是用电脑来学习，说妈妈太老土了，什么都不懂，就知道瞎指挥。

有一次，茜茜的好朋友妞妞来家里玩。茜茜就跟妞妞抱怨：妈妈一点儿也不理解自己，她简直没有办法和妈妈沟通。茜茜说："我妈不爱看书，我给她看我最喜欢的《青年文摘》，她却责怪我不好好学习，净看些没用的书，你说这书能没用吗？她就是什么都不懂。她还把我的课外书都没收了，美其名曰这些都是闲书，不利于我好好学习。她从来就不顾及我的感受，总是强迫我干这干那，小时候强迫我学画画、练琴，现在又监督我学习，我跟她说什么她也不懂，就是老一套！"妞妞回应道："我太理解这种感受了，我妈也是这样，总是不分青红皂白就下结论，还不让我解释。时间长了，我也懒得解释了，她爱怎么想就怎么想吧。我跟她真是不能沟通，现在我都懒得跟她说话了。"

父母如果听到自己的孩子这么评价自己，会有什么感想呢？父母总是认为自己做的一切都是为了孩子好，认为自己有经验，所以觉得自己可以理所应当地替孩子决定一切，可以命令和强制孩子做事，还觉得这是为了孩子好。但是，父母想过孩子的感受吗？当孩子和父母说出"你们都不理解我！说了你们也不懂"的时候，孩子就已经对自己和父母的沟通产生厌倦和排斥了。父母是不是应该反省一下自己，想想自己是否错过了和孩子好好沟通的机会呢？

　　当孩子希望和父母倾诉衷肠的时候，父母是不是会借着自己很忙或者很累的理由，将孩子一把推开？或者根本不听孩子的话，直接下判断？这样的次数多了，孩子自然不愿意再和父母沟通了，因为孩子觉得没有人愿意静下心来认真听他说话。

　　为了和孩子有效沟通，避免孩子说的父母却不懂，父母应该与时俱进，多学习现代知识，这样父母才能和孩子无障碍地沟通。为了和孩子保持良好的互动，父母应该多抽出时间陪伴孩子，并让孩子感受到父母的关心和关注，这样才能让孩子更有安全感。比起物质，孩子更需要父母精神上的关怀，父母要及时发现孩子的情绪波动，并多与孩子谈心。值得注意的是，在谈心的时候，父母不能总是站在自己的角度思考问题，而是应该多询问孩子的意见，不要让孩子觉得自己被忽略了。

　　父母在和孩子进行沟通的时候，不要预设自己的立场，要将自己放到孩子的位置上，以孩子的思维方式来思考问题，让孩子觉得自己是被理解和接纳的，之后再对孩子提出一些比较委婉和中肯的意见，关键是父母的言行举止不能让孩子反感。在沟通时，父母可以先保持多倾听少说话的原则，不要在孩子说话的时候打断孩子，免得孩子心里产生顾虑。在孩子受了委屈时，父母要及时安慰孩子，让孩子感受到关爱，从而化解孩子的紧张和不快情绪，使孩子建立积极的人生观和价值观。

○ 为什么孩子总是不理解父母对他的好

　　许多父母觉得自己做的每一件事都是为了孩子好，很多时候孩子却并不领情。其实，这是父母和孩子之间的沟通出了问题。如果父母和孩子沟通不畅的话，很容易就会出现父母觉得孩子一点儿也不理解自己，而孩子反过来觉得父母不懂自己。这是因为双方站在不同的立场，而且他们生活和成长的背景都不同，所以父母和孩子之间很容易就会出现代沟。尤其是孩子进入青春期以后，他们的心理逐渐成熟，自我意识的增强使得孩子试图独立，并坚持己见，这时孩子和父母可能会有不同的想法，如果双方不进行良好的沟通，都只是按照自己的想法行事，那么他们之间必然会产生矛盾和误会，双方可能都会认为对方不理解自己。很多时候，父母仗着自己年长、经验多，或是觉得自己有权威，就武断地替孩子做决定，认为自己比孩子思考得更全面，而且自己这么做正是为了孩子好，孩子有什么理由不听自己的话呢？

　　但是，父母却忽略了一点，孩子已经长大了，心理已经发生

如何更好地了解孩子

父母只有了解了孩子的想法，才能更好地和孩子进行沟通，从而教育好孩子。那么，父母如何才能真正地了解孩子呢？

1 关注并接纳孩子

青春期的孩子爱显摆，爱表现自己，如果父母接纳了孩子的这些行为，自然能够进入孩子的世界去了解孩子。

2 尊重和理解孩子

不要再把孩子当成小孩来对待，而应遇事和孩子商量，尊重孩子的意见，平等对待孩子。

如果父母和孩子成了朋友，孩子自然愿意和朋友吐露心事，这样父母就可以更好地了解孩子的想法了。

变化了，开始有了自己的想法，而且孩子认为自己的想法是正确的。当父母忽视了孩子的想法时，孩子就会觉得自己没有受到父母的尊重。在某些情况下，父母认为自己这样做是对孩子好，但是实际情况可能并非如此。父母不是孩子，父母可能并不知道事情发生时的实际情况，如果父母不问孩子的想法就自以为是地替孩子做决定，难免会引起孩子的反感。

只有在双方都认同都接纳时，沟通才是最有效的，这种表达爱的方式才算是成功的。父母自以为对孩子好的事情，在孩子看来却并非如此。因此，父母应该多倾听孩子内心的想法，了解孩子到底是怎么想的，为什么会抵触父母认为的"为孩子好"的决定。或许在听到孩子的解释后，父母会恍然大悟，察觉到自己想法的错误。

所以说，了解孩子是教育孩子的前提。其实，想要了解孩子并不是很困难的事情，父母只要平时多观察孩子的一举一动，关注孩子的情绪变化，认真体会孩子的各种心态，仔细考虑孩子的各种要求，走进孩子的内心世界，这样就不难弄清楚孩子的一些行为和问题了。父母在了解了相关信息之后，应该如何与孩子进行沟通，如何引导孩子，就是一件很简单的事情了。

晚晴是一个非常漂亮的女孩，她多才多艺，会跳舞，还会弹钢琴，到了初中以后，晚晴的钢琴演奏水平已经非常高了，许多同学都听过晚晴弹钢琴，大家都说她跟电视上的演奏家一样厉害。虽然有些夸张，但是晚晴的确是个非常有音乐天赋的优秀人才。晚晴自己也非常希望能有更好的发展，但是爸爸妈妈却希望晚晴能在学习上多下功夫，而不是在才能上。

上初中之后，晚晴的课业负担重了，就没有那么多的时间来培养自己的兴趣爱好了。而且爸爸妈妈也对她的学习有很大的期望。学校里有专门的老师教钢琴课，愿意学的学生可以去学，这样考高中的时候还可以加分。晚晴也想去学，但是爸爸妈妈坚决不同意，认为只有学习好才是真本事，那些特长不值得一提。

于是，晚晴经常偷偷在放学后跟着学习钢琴的同学到琴房去练习，为此有好几次晚晴的作业都没有完成。后来，爸爸发现了晚晴的秘密，结果在家好好教育了晚晴一番。晚晴觉得爸爸妈妈不理解自己，不尊重自己的爱好和选择。于是，她就不再听爸爸妈妈的话，经常不上课去跟同学们练习弹钢琴，造成她的成绩下滑了很多。

一次期末考试，晚晴的成绩落到了班里的后段，爸爸妈妈整个暑假都把晚晴关在家里，不允许她外出，让她在家里学习。有同学来找晚晴玩，爸爸妈妈也不让晚晴出去，晚晴觉得自己在同学面前非常丢脸，爸爸妈妈实在太过分了。

当天晚上，晚晴就用不吃饭来向爸爸妈妈表示抗议，但是爸爸妈妈觉得晚晴不知悔改，而且以为饿孩子一顿两顿也没什么关系，他们就没有管晚晴。晚晴觉得爸爸妈妈一点儿也不关心自己，只是想让自己学习好给他们争面子。当天晚上，晚晴割腕自杀了，等爸爸妈妈发现时，晚晴已经没有了呼吸。

如果晚晴的爸爸妈妈不那么固执，如果他们对孩子有足够的了解，发现孩子的特长，并鼓励孩子发挥自己的特长，去追求自己

如何和孩子沟通

很多时候，父母和孩子的关系紧张只是因为沟通出了问题，只要双方的沟通顺畅了，亲子关系也就好了。

1 倾听孩子的想法

父母不要觉得自己的想法就一定对，而应先听听孩子的想法，也许孩子的想法也很不错。

2 站在孩子的角度思考

双方不妨互换角色进行小游戏，让孩子体会到父母的艰辛，也让父母理解孩子的想法。

总之，孩子和父母都觉得对方不理解自己是很常见的现象。对此，父母要和孩子将心比心，多站在孩子的角度思考问题。父母作为成人，也要体谅孩子，多给孩子正确的引导。

的梦想，结局也许就会不一样了——晚晴也许会走上舞台，取得辉煌的成就。

正如一位心理学家所说："成功就是选择，一个人如果选择了适合他的道路，他就会成为天才，成为幸运儿。但如果一个人选择了不适合他的道路，他也许就成了蠢材，甚至成为一个悲剧。"晚晴的命运就是如此，由于她的父母为她选择了一个不适合她的道路，让她的天赋无处施展，最终导致了她选择自杀这样一个悲剧。

所以说，教育孩子的前提是了解孩子，这是教育最基本的原则。孩子的成长是有规律的，孩子的心理是不断发展的，虽然孩子是千差万别的，但是教育的原理却是相同的，那就是要根据孩子的心理特点来进行培养。

所以，在父母和孩子的沟通出现问题的时候，父母一定要先反省自己，是不是自己没有尊重孩子，是不是自己没有询问孩子的想法就替孩子做了决定。如果父母以为孩子年龄小，没有自己的想法，直接为孩子做了决定，或者命令孩子做事情，孩子会认为父母不尊重自己，从而产生逆反心理。父母作为成年人，具有分辨是非的能力，孩子小，在遇到问题时他们可能确实没有父母考虑得全面，但这并不是说父母就是权威，父母一定就不会出错。孩子有自己的想法，父母不妨让孩子自己去尝试，不要以权威的口吻否定孩子的想法，更不要以"我是为了你好"的理由来强制孩子听自己的话。当然，如果孩子要做的事情具有危险性和不可执行性，父母可以平心静气地和孩子沟通，向孩子耐心地解释自己拒绝的理由，从而以理服人。

○ 孩子经常跟父母唱反调

孩子小时候大多都很听父母的话，父母也已经习惯了孩子听从自己的命令。孩子3岁之后，会逐渐形成自我意识。3至6岁时，他们会进入心理发展的第一个"叛逆期"，孩子越来越有主见，他们对父母的指挥和安排开始产生怀疑，不再一味地顺从。这时，就会出现许多令父母头疼的现象：孩子开始闹独立，你让他往东，他偏偏往西，处处与父母唱反调。

等孩子过了这段时期，稍微顺从起来，但是到了七八岁的时候，他们又会经历一次"叛逆期"，都说"孩子七岁八岁讨人嫌"，的确是这样，七八岁孩子的自我意识进一步发育，他们在好奇心的引导下开始独自探索世界，开始试图挣脱爸爸妈妈这样或那样的要求，为了显示自己的独立性，他们开始与父母或者老师对着干，这就是孩子的第二次"叛逆期"。

许多父母都会有这样的体会：孩子进入中学以后，似乎长了许多"本事"。有的孩子越来越不听话，脾气倔强，一句话不如意就会和大人吵起来；有的孩子喜欢与父母对着干，甚至这种情况还会持续很长一段时间。孩子这段时间的叛逆行为比小时候的更为严重，持续的时间也更长，因为这个年龄段的孩子的心理已经逐渐成熟起来，他们有了自己的思想，认为自己已经长大了，也希望父母把自己当成大人来对待。然而，孩子在父母的眼中始终都是小孩子，而且父母已经习惯了什么事情都替孩子做决定，

孩子产生逆反心理的原因

　　每个年龄段的人都需要独处的时间，在这个时间里，他们可以思考或者独自探索，而孩子也是一样。

　　由于孩子的好奇心比较强，求知欲旺盛，他们喜欢追求新鲜的东西，但是父母会觉得心烦，认为孩子是在与自己对着干。

　　父母过于唠叨，孩子年龄较小没有耐心，对父母的唠叨会产生厌烦的情绪，从而产生逆反心理。

　　父母望子成龙心切，不顾孩子的意愿，只关注孩子的行动，这也会让孩子产生逆反心理。

　　由此可以看出，父母如果不了解孩子的心理，只是一味地管教孩子，就很容易使孩子产生反抗情绪。因此，父母应该尽量避免使用粗暴的管教方式，应该尊重孩子的心理需求。

于是父母就会发觉孩子太叛逆，心理学上把孩子的这段时期称为"逆反期"。

孩子"叛逆期"的到来，是他们的生理、心理快速发育的结果。心理的发育使孩子自认为自己已经长大，凡事想独立、想自己做决定，所以当孩子面对紧张的学习、升学的压力以及父母无休止的催促时，就会产生逆反心理。心理学家认为，孩子的这种逆反心理其实就是对父母权威的挑战和反抗，以及对自我独立人格的追求。

一般来说，孩子在成长的过程中都会经历这样的三次"叛逆期"，在这三次"叛逆期"中，孩子会经历三次大的心理上的变化，这是孩子逐渐成熟的标志。而这其中最重要的就是孩子青春期时的"叛逆期"，孩子的这次叛逆持续的时间最长，对孩子的成长影响力也最大。

对于孩子和父母来说，青春期都是令人烦恼的时期。当然，想要孩子在这个时期成长得更好，父母在孩子的这一时期起到的作用十分重要。正如某位德国儿童心理学家所说："父母在这个过程（青春期）中的作用就像蹦床的床面，因为为了能够找到自我，青少年必须首先把那些比他们更有权力、有关系的人重重地震动一次。"所以，对于"叛逆期"的青少年来说，父母应该对其心理加以正确引导，这将使他们终身受益。相反，如果父母处理不好，将会影响孩子的心理发育和健康成长。

紫琪马上就要上初二了，她是个刚刚进入青春期的小女生。但是，原本乖巧听话的紫琪最近却让父母十分担心，从初一的暑假开始，紫琪就像变了一个人，经常一个人闷在房间里上网、玩游戏，对父母不理不睬的，紫琪以前可不是这样的。爸爸妈妈以为紫琪有什么心事，妈妈本想找紫琪好好谈一下，但是紫琪不让妈妈打扰她玩游戏，每次都把妈妈推出她的房间。

　　前几天，妈妈想和紫琪商量一下开学后给紫琪报个周末辅导班的事，因为妈妈听说初二开始孩子的课程就多了，学习压力就大了，妈妈担心紫琪会跟不上老师的节奏。但是，妈妈还没说几句呢，紫琪就有些不耐烦了，说："报什么班啊，你还嫌我现在不够忙吗？"妈妈说："你现在忙什么？整天就是玩游戏，等开学之后可不能这样玩了。"紫琪却说："怎么不能玩，你懂什么，现在的学生都玩，我要是不玩，到时候去学校和同学们聊什么呀？"妈妈觉得紫琪的想法不对，也对紫琪这样没大没小的和自己说话有些生气，就说："你这孩子怎么说话呢？你怎么这么不知好歹呢？妈妈做什么还不都是为了你好吗？"没想到，紫琪一听妈妈这样说，直接站起来冲着妈妈吼道："对，我就是不知好歹，你赶紧出去，不要打扰我！"说着，就把妈妈推了出来。还在自己的房门上贴了"请勿打扰"几个字，这让爸爸妈妈十分生气。

如何应对孩子的逆反心理

孩子出现逆反心理，几乎是每个父母都会遇到的问题。那么，面对孩子的这一心理，父母应该怎么做呢？

① 把命令改为商量

以商量的方式解决问题，即使商量失败，但感情氛围会增强，这有利于以后双方的沟通。

② 不妨让孩子吃点"苦头"

青春期是形成独立意识的关键时期，他们小错难免，父母应该允许孩子犯点错，不要过分束缚孩子。

总之，对于"逆反期"的孩子，支持要比压制好，商量要比命令好。另外，只要孩子的想法合理，父母就应该给予孩子全力的支持。

从那天开始，紫琪变本加厉，无论妈妈说什么，她都要和妈妈唱反调。妈妈觉得她还没有小的时候听话呢，没想到现在变得如此叛逆。

生活中，许多孩子的言行比例子中的紫琪更加逆反，他们处处与父母对着干，不愿意和父母进行沟通，有时父母说一句，他们就顶十句。如果父母坚持己见，孩子也不退让的话，双方的关系很容易就会恶化。

青春期的孩子情感起伏比较大，父母是难以驾驭的。他们有了自己的喜怒哀乐，不愿意什么事都和父母分享。父母对孩子不再了解，他们还以为孩子小不懂事，便时时处处管着孩子，殊不知，这样做孩子却会埋怨父母不理解自己。如果父母教育孩子的方法不得当，比如对孩子的事情刨根问底，或者对孩子漠不关心，这样都会增强孩子的反抗情绪。父母应该放下架子，当孩子的知心朋友，争取成为孩子吐露心事的对象。当然，父母也要明白，孩子的逆反心理对他们自己并不是只有消极影响。孩子产生逆反心理是十分正常的现象，这说明孩子开始具有独立意识，而且孩子处处与父母唱反调，说明孩子的好胜心强，这些对孩子未来的发展很有好处。父母若能好好引导孩子的这种心态，开发孩子的创造性思维，让孩子勇于开拓、努力进取，那么他们会发展得更好。

值得注意的是，孩子在逆反期如果得不到父母正确的引导，可能会变得以自我为中心、多疑、偏执、不合群等，从而对孩子日后参加集体生活产生消极影响。因此，当孩子忤逆父母的安排时，父母要先弄明白孩子的心理，了解孩子这样做的原因究竟是什么。

第三章
曾经的乖孩子变样了

○ 孩子竟然早恋了

早恋，指的是未成年人或者生理、心理未成熟的男女建立恋爱关系或对异性感兴趣、痴情或暗恋，一般指18岁以下的孩子之间产生的爱情，特别指在校的中小学生。

早恋是孩子在性心理发育的基础上，将心理活动转化为行为的实践。然而，一般人认为早恋会给孩子带来许多问题，如影响孩子的身心健康和学业成绩等，尤其对于女孩的影响更为明显。也有人会认为早恋是孩子对男女关系的探索和学习，他们是在为将来的恋爱和婚姻做准备，不宜过分禁止或压制。

孩子在儿童时期，喜欢跟父母一起玩。父母陪他们、哄他们，买玩具给他们，使他们开心。然而，当孩子长大一些，他们就不愿意跟父母一起玩了。他们会找同龄的伙伴玩，比如同学、邻居家的孩子，当然他们最主要的玩伴还是同学。如果他们的玩伴来自异性圈子，这会让孩子感到格外新鲜、欣喜、兴奋甚至难舍难分。一旁的父母内心就会有一种莫名的担忧：是不是孩子有点早熟了，还是孩子开始学坏了呢？其实，从孩子成长的角度来

帮助孩子学会和异性相处

青春期的孩子开始关注异性，他们开始渴望接触异性。但是如果把握不好分寸的话，孩子们就很容易跨越友谊，品尝早恋的苦果。所以，父母应该帮助孩子学会如何与异性正确相处：

> 我相信你这次一定会做好的，作为朋友我一定会替你加油！

1 树立共同的理想

青春期的孩子应该以学习为重，同学之间相处也应该共同学习，积极实现自己的理想。

2 讲话要有分寸

青春期的孩子爱玩爱闹，但是父母要告诉孩子，他们和异性交往时要注意说话的分寸，要尊重对方。

> 女儿的朋友可真多啊！

3 广交朋友

父母应该让孩子广泛交友，不只是和一位异性同学交往。这样既可以让孩子学会与人相处，又能分散孩子的心思，避免早恋的发生。

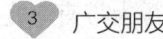

家庭教育对孩子的影响深远，父母应该在孩子进入青春期后及时讲给孩子相关的青春期知识，并进行必要的心理教育，从而有效预防孩子的早恋行为。

看，十一二岁的男孩女孩开始体验异性之间的友情，这是十分自然的事。

随着年龄的增长，异性同学之间接触的机会增多，少男少女之间产生了纯洁的友谊，这是一件极为正常的事。异性同学之间的友谊也是非常可贵的，这种友谊不仅有助于男女同学互相学习、共同进步，而且有助于中学生提高与异性相处的能力，建立良好的人际关系，这对少男少女的身心健康发展都是极为有益的。

然而，许多中学生却认识不到友谊与爱情之间的差别，他们往往容易把与异性的友谊当作爱情。中学生的早恋行为实际上只是一种对异性朋友的好感，或者是异性同学之间的友谊。对于这些情窦初开的少男少女来说，他们之间的"恋爱"往往是在不知不觉中发生的。他们往往会被对方的气质、美貌、健壮的体魄、幽默的语言，或者是雄辩的口才所折服，使自己身不由己地想要同对方接近。这样，两者之间的感情就自然而然地发生了。这说明，中学生的早恋行为带有一定的盲目性。

李晓峰虽然刚刚 13 岁，但是他个子很高，喜欢打篮球，打扮潮流，更重要的是，他的学习成绩还一直名列前茅。所以，从上初一开始，他就是年级中的风云人物，每次他打篮球的时候，自己班甚至是别的班的女生都会特意到篮球场，就是为了多看他一眼，给他加油打气。李晓峰对这种状况已经习惯了，但是他并没有喜欢的女生，每次他故意耍帅，也只是为了迎合这群女生的尖叫而已。

但是，初二下半学期，班里转来了一名女生，长得非常漂亮，长长的头发，大大的眼睛，长长的睫毛，白皙的皮肤，就像一个天使降落到了李晓峰的眼前。这就是李晓峰喜欢的女生的样子，文静、美好。这个女生也对李晓峰有好感，两个人在相互的吸引中很快就陷入早恋之中。李晓峰开始讨厌过周末，他希望每天都能上学，这样就可以多看那个女生几眼。课下的时候，两个人好像有说不完的话一样。

就这样过了一个学期，李晓峰的成绩几乎是直线下滑。爸爸妈妈一时蒙了，他们也没有发现孩子有什么不正常啊，许多青春期的孩子会自卑、有压力，但是自己的孩子很阳光啊。

于是，妈妈特意到学校去找班主任了解情况。班主任说，李晓峰和班里的一个女生走得很近，她也提醒过李晓峰要好好学习，不要把时间和精力浪费在别的事上，可是好像没有什么效果。妈妈一听就明白了，儿子肯定是早恋了，难怪他的成绩会下降呢。

当天，李晓峰一放学回家，妈妈就找他谈话，警告他不要再和那个女生在一起，不准他们再有任何联系。妈妈还给他联系了新的学校，让李晓峰转学。李晓峰一听妈妈让他转学，他怎么都不愿意，并说如果妈妈硬让他转学，那他就不上学了。为此，他们大吵了一架。看到儿子这边说不通，妈妈就去找那个女生，希望她与儿子断了。

父母如何跨越代沟

好的沟通可以让两代人的关系更加紧密，为孩子的成长提供和谐的家庭环境。

父母要成为孩子的听众，平等地和孩子沟通，不要给孩子压迫感，也不要用命令和训斥的口气与孩子交流，要以理服人。

要允许孩子自己做决定，这样不但可以培养孩子的独立能力，也符合孩子成长过程中的心理需求。

父母要与时俱进，多吸收新鲜的事物和资讯，跟上孩子的脚步，减少代沟产生的可能性。

李晓峰知道妈妈去找那个女生后，又和妈妈大吵了一架，直接摔门而去。原本阳光懂事的李晓峰离家出走了。爸爸妈妈实在不知道该怎么对待这样的孩子了，怎么说孩子才会明白早恋的坏处呢？现在他们连孩子都找不到了。

从例子中我们可以看出，对于孩子的早恋行为，如果父母处理不当就会引发新的亲子大战。但是为什么孩子持续了整整一个学期的早恋，父母竟然毫无察觉呢？不得不说这是父母的失察，如果父母平时能够多关心孩子，多关注孩子的情绪变化和心理变化，早点儿预防早恋的发生，也不至于造成这样的后果。

当然，青春期的孩子的早恋行为一般比较隐蔽，对父母、老师，甚至是好朋友，他们都会守口如瓶。他们之所以会隐藏自己的情感，一是，担心招来父母、老师的反对和训斥；二是，担心同学、朋友的讥笑和讽刺；三是，与青春期的孩子第一次与异性交往所产生的不安和"心理闭锁"有关。但是，这一特点却让父母很难发现孩子的早恋行为。不过，只要父母细心观察，孩子早恋时一定会与平时有一些不同，比如，他们会莫名其妙地笑；他们会莫名的发呆；他们开始变得爱打扮；他们有时会偷偷打电话，父母一靠近他们就会紧张等，这些都有可能是因为孩子正在"谈恋爱"的缘故。

青春期的孩子自制力差，早恋会给孩子造成一些伤害。从孩子的角度来说，早恋的孩子都有一个极其复杂的心理活动过程，他们既有欢喜，也有百思不解、难以倾诉的苦闷。这些孩子在恋爱的过程中还要承受着父母、老师的压力，同学们的"白眼"，恋人的挑剔和为难，这一切使得心理承受能力弱的孩子无法保持稳定的情绪。同时，早恋的孩子课后很难与恋人见面，但他们又抑制不住对对方的思念，这时，有的孩子往往会沉溺于幻想，在幻想中寻求慰藉，得到满足。这些痛苦的心境使得孩子的心理遭受折磨，有的孩子甚至因此出现道德观、价值观和世界观的扭曲。

因此，父母应该多关注孩子，及早发现孩子的早恋倾向，及时给孩子讲解青春期的心理知识，让孩子明白自己的喜欢只是对异性朋友的关注，并不是真正的爱情，让孩子能够及时把握自己的情绪，健康地度过这一时期。

○ 孩子觉得奇装异服有个性

随着孩子年龄的增长，他们的心理发育逐渐成熟，自我意识逐渐增强，于是他们试图将自己和其他人区分开来，从而突出自我存在感。尤其是在孩子进入青春期后，他们便想要与过去的自己有所不同，便会把自己打扮得与别人不一样，穿一些奇装异服或者戴各种奇奇怪怪的饰品，以彰显自己的与众不同。父母教育他们的时候，他们会说这叫有个性。但是，这时的父母大多都没有了解孩子的真实心理，他们还以为是孩子学坏了，便通过打骂孩子的方式以压制其逆反情绪。其实，孩子口中的个性仅仅是他们想变得与众不同而已，并不是故意要和父母对着干，他们只是试图找到自己的价值并建立自我认同感罢了。

　　孩子试图变得有个性，试图与众不同，这是孩子成长过程中的自然现象，父母不必担忧，只需要正确引导，但是父母要以一种孩子不反感的方式和孩子平等沟通。当孩子认为自己已经长大，可以自己决定事情时，如果父母还要帮着孩子做决定，或者不支持、不理解孩子自己做的决定，那么，孩子就会产生逆反心理，甚至可能会拒绝继续沟通，严重者还会离家出走。父母要学会正确引导孩子，而不是试图改造孩子。当孩子成长到一定阶段时，他会想要按照自己的行为准则做事，父母要尊重孩子的意见和想法，不要心急或是发脾气，而是要心平气和地和孩子进行沟通。许多父母一和孩子进行沟通，孩子就发脾气，他们根本不给自己说话的机会，当类似的代沟产生时，父母一定要放下长辈的身段，主动融入孩子的世界中去。

　　由于父母和孩子属于两代人，各自的生活经验和生活背景有很大不同，所以对同一件事情的看法也会有所差别。另外，当孩子进入青春期后，他们的自我意识与独立意识会逐渐增强，并想要脱离对父母的依附，这也有可能使得亲子关系变得紧张。如果这个时候，父母不能与孩子进行良好的互动，孩子就很可能会认为父母不理解自己，甚至会对父母产生不满和忤逆的情绪，转而向同学和朋友倾诉心事。这样，孩子和父母之间就真的形成代沟了。代沟容易使两代人对对方产生偏见，两代人轻则互不理解，重则互相敌视，所以父母和孩子都需要通过各种途径来尝试跨越代沟。

　　就拿孩子的穿着来说，青春期的孩子开始关注自己的外貌和打扮，他们希望通过特殊的打扮让自己能够与众不同，因此他们追求个性，希望自己成为万人瞩目的焦点。父母应该理解孩子的这一心理特点，而不是一味指责孩子或强迫孩子改变。

　　丁丁的家庭条件不错，他是独生子，因此，爸爸妈妈对丁丁总是有求必应。小的时候，丁丁还算听话，并没有对父母提过什么过分的要求。爸爸妈妈虽然尽量满足丁丁的物质需求，但是对丁丁的学习还是要求很严格的，所以丁丁的成绩还说得过去。

　　但是最近一段时间，妈妈发现丁丁有些不太对劲。自从丁丁上初中后，他就不喜欢穿爸爸妈妈给他买的衣服了，他总是向爸爸妈妈要钱，然后自己去商场买衣服。爸爸妈妈觉得孩子长大了，就随着他。

　　但是，丁丁最近喜欢整天穿着嘻哈裤，还在耳朵上扎了4个耳洞。有时，他会戴上很大颗的耳钉，把自己弄得跟电视上的不良少年一样。刚开始，妈妈还好话好说地劝他，让他改变一下穿衣风格，但是丁丁听不进去，认为自己的妈妈已经老了，她根本就不懂时尚，看不惯现在的潮流。于是，丁丁根本就没把妈妈的话放在心上。

　　周末，丁丁和朋友一起出去玩，结果回家的时候爸爸发现

孩子打扮奇怪，父母怎么引导

面对孩子喜欢穿奇装异服的行为，父母在引导孩子的时候需要一定的策略，否则，只会起相反的作用。

了解孩子喜欢奇装异服的心理，父母应该弄明白为什么这些东西会吸引孩子，明白原因之后，父母和孩子的沟通自然就会顺利。

父母应该尽量引导孩子选择适合自己年龄、身份的装束。

帮孩子找回自信，有些孩子在意自己的外表是因为他们没有自信，父母可以通过多鼓励、多肯定孩子，帮助孩子建立自信心。

面对孩子的装扮，父母不要一味地否定，这样只会把孩子越推越远，父母应该先了解孩子的心理，再跟孩子多沟通，逐渐合理地引导孩子。

丁丁的头发成了彩虹，一道红一道绿的，哪里还像是人的头发呢！加上他最近对丁丁的表现不满，爸爸说："我觉得你长大了，就不怎么说你，你看你这像什么样？正常人有谁会把头发染成这个样子！赶紧给我染回来！"丁丁根本就不吃这一套，说："你懂什么，现在年轻人都爱这么染，这叫有'个性'。再说了，要是染回来，那还不让人家笑话吗？"爸爸听到后很生气，觉得现在孩子的想法自己真是不明白，时尚就是把自己的头发染成五颜六色吗？说着，爸爸就揪着丁丁，把他带到理发店，盯着他把头发又染回来了。结果，回到家之后，丁丁连着一周都不理爸爸，因为爸爸让他在朋友面前丢了面子。

相信我们在大街上会遇到许多像丁丁一样打扮的孩子，他们如此有个性的装扮，的确可以吸引人们的注意。那么，孩子为什么喜欢这样打扮自己呢？

首先，青春期的孩子追求个性、自由的生活，这是孩子青春期心理的最大特点。基于这样的心理，孩子们开始喜欢穿奇装异服，希望这样自己能够与众不同。其次，他们想通过身着奇装异服来弥补内心的不安。心理学家认为："如果一个人界限感薄弱的话，那么他除了能感到与他人的不同之处，他很难掌握和他人之间该保持多远的距离。"许多孩子的内心极为不安，他们不确定自己的生活到底应该是什么样子的，为了弥补自己心中的不安，他们故意穿着夸张的衣服，人为地与外界划清界限，以此来缓解内心的不安情绪。

孩子到了青春期，便有了强烈的自我意识，他们认为自己怎样打扮都是自己的事情，不允许父母干涉，更讨厌父母对自己评头论足。此时，父母可以和缓地引导孩子，告诉孩子应该选择适合自己的身份、气质和年龄的衣服，过分怪异的装扮，上学的话是不合适的，只有装扮得体，孩子才能过好每一天。

○ 偶像为何让孩子如此着迷

说起偶像，许多人首先想到的不是电视明星就是电影明星。其实，每个人心中都有一个偶像，但是偶像并不只是这些影视明星，也可能是一个动漫人物，或者是一个科学家等能给人带来梦想的人物形象。

无论是成年人还是小孩子，他们都有自己崇拜的偶像。如果我们问七八岁的孩子："你们最崇拜谁？最喜欢的偶像是哪个？"他们可能会说"孙悟空""哪吒""奥特曼""蜘蛛侠""铠甲勇士"等。他们除了要看这些偶像的节目之外，他们可能还会买这些偶像的玩具，有的孩子还会模仿这些偶像的语言和行为，装扮成偶像的样子等。

其实，在某个阶段迷恋某个人物或者某件事情，对于孩子来说是正常的心理表现。因为他们正处于想象力旺盛和好奇心强烈的时期，当他们看到孙悟空、奥特曼、蜘蛛侠等如此厉害而且无所不能的人物时，他们的心中便充满了无限的向往和崇拜，因此，会被深深地吸引。这是七八岁孩子的心理特征。

随着孩子的逐渐长大，孩子崇拜的偶像也会发生改变，可能不再是这些动画形象，而是一些自己喜欢的影视明星等。而且随着孩子心理的不断发展，他们还可能会出现追星的行为。

追星行为是指青春期的孩子过分崇拜迷恋影视明星或歌星的行为。心理学家认为，崇拜明星是青少年时期孩子的重要心理特征之一，是孩子青春期心理需求的反映。许多父母对于孩子的追星行为感到不理解，并认为这样会耽误孩子的学习。于是，父母就会粗暴地阻止孩子的追星行为。

其实，孩子追星并不是什么可怕的事情，父母不必太过担忧。孩子开始追星，说明孩子逐步融入社会，这是孩子社会化的表现，也是他们成长的必经阶段。孩子在小的时候，大多是崇拜父母，整天黏着父母。随着年龄的增长，孩子开始将崇拜的感情从父母身上转移到别人身上。

一般情况下，孩子在13岁左右就会产生逆反心理，开始有挑战父母权威的欲望和倾向。与此同时，孩子失去了对父母的崇拜，便要逐步寻找别的对象来让自己变得强大，有能力与父母抗衡。孩子崇拜的对象可能是公众人物，比如歌星、影星、运动员或画家等，也可能是他们身边的老师和学长、学姐等。

其实，追星本身并不过分，也没有什么可以批评和批判的。只是时下有些孩子追星过度，他们把大部分时间和精力都花在追星上，有的人甚至花大价钱跟着歌星进行全国巡演，他们觉得好像这样就可以和歌星建立某种更加亲密的关系。之前有过相关报道，有的人由于追星过度，对家人和自己造成了十分严重的不良后果。所以，父母要反对的是孩子的过度追星。如果孩子只是对明星有简单的崇拜和喜爱，父母则不必多加干涉。

孩子之所以把明星设定为自己的偶像并加以追逐，除了他们外表光鲜之外，一定还有其他原因，比如明星对艺术的不懈追求，对工作的认真态度。如果孩子能够正确而全面地认识自己的偶像，并视之为榜样，那未尝不是一件好事，因为孩子可以因此学到偶像身上值得学习的东西。

韩华今年上初中二年级了，从上初一开始，韩华觉得自己的视野开阔了，以前自己就知道学习，上初中之后，爸爸买了一台电脑，供韩华学习使用。一开始，韩华只是用电脑来查资料，后来，他也会用电脑上上网、聊聊天、看看电影……有时，韩华看到自己喜欢的明星演的电视剧，他就会追剧。没法去现场看演唱会，他就在电脑上看。

妈妈最近发现韩华有些不对劲，每次韩华在电视上看到外国的摇滚歌星就兴奋到不行，满口都是那些明星的近况，他们在哪里举办了演唱会，又在哪里有签唱会等。要是让他说学习的事情，他倒是立马就闭嘴了。

有一天，韩华听说有一个摇滚乐队要来附近的城市举办演唱会，他便和几个朋友约好了要去看现场。但是他没有钱买门票，

孩子追星的心理

　　追星是青春期孩子的心理特征之一，具体来说，青春期孩子的追星心理有以下几个方面：

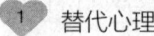 **1 替代心理**

　　由于孩子的性心理逐渐成熟，他们开始幻想自己恋人的形象，并把这种幻想转移到明星身上，以此获得满足。

2 从众心理

　　这个时期的孩子喜欢追逐潮流，而明星是时尚、潮流的代表，他们自然就成了孩子追逐、学习的目标。

3 炫耀心理

　　有的孩子喜欢模仿明星，收集明星的资料，以此作为与同学交流时炫耀的资本，抬高身价。

而且演唱会的时间还是上课时间。但这都没有阻止韩华的行动，他自己不吃饭省钱，还把自己存了几年的存钱罐打碎了拿出钱来买票，又旷课和几个朋友一起去看演唱会。

由于韩华平常住校，只有周末才会回家，所以爸爸妈妈不知道韩华旷课去看演唱会的事情。直到学校老师打电话给韩华的爸爸，告诉他说韩华最近两天都没有来上课，爸爸妈妈才知道韩华并不在学校里。最终，韩华回到学校后，爸爸妈妈才弄明白事情的原委。

爸爸妈妈没想到儿子居然这么迷恋摇滚明星，难怪他的成绩会下降呢，难怪他平常怎么也不肯剪头发，非要留长头发呢！原来他是想把自己也打扮成摇滚歌手啊！妈妈生气地到韩华的房间，把墙上的海报全撕了下来。等韩华回来之后，又强迫他把头发剪掉了。可是即使这样，妈妈也没有换来韩华的顺从，而是让他更加叛逆，他的成绩只降不升，母子关系也变得更加紧张。

上面的例子展现了一个热衷于追星的孩子和担忧的妈妈之间关系恶化的过程。许多父母认为孩子崇拜偶像、追星是不可取的，这不但会浪费时间和精力，还会影响学习。父母认为孩子与其崇拜这些明星，还不如崇拜李白、钱学森这样的人物，他们还能促进孩子的学习呢。但是，孩子却认为自己喜欢电影明星、歌星并没有错，因为每个人都有权利追求自己喜欢的东西。

其实，两代人对追星的看法不同是很正常的，而且孩子的行为本身相对比较激进，父母可以稍微理解一下孩子追星的行为，只要不是太过分，不至于影响孩子的学习就可以。孩子在成长的过程中会逐步调整和修正自己的行为，父母不必太过担忧。但是，调整行为是需要一定时间和过程的，如果父母不明所以就对孩子的追星行为进行粗暴干涉，那么，很有可能会适得其反，让孩子的逆反心理越来越严重，以至于影响亲子关系。

当然，对于孩子不健康的追星行为，父母则要及时制止。不健康的追星行为，是指孩子对偶像的崇拜已经超出了合理的范围。例如，有的孩子听说自己喜欢的某位明星结婚了，就大发脾气，甚至会认为自己受骗了。有的孩子甚至觉得只有自己才有资格和偶像结婚。如果孩子有这种倾向，父母一定要及时进行开导，否则这会影响孩子的学业和身心健康。其实明星也是人，也有优缺点，只不过因为他们总是出现在公众领域，所以更加吸引大众的目光罢了。父母要告诉孩子，明星有自己的生活，我们也有自己的生活。我们不能沉溺于别人的生活中不能自拔，我们应该将更多的时间用在学习和生活中，实现自己的价值。

○ 孩子竟然拉帮结伙、搞小团体

老师常常把好孩子作为榜样，对他们的赞许往往是与对"坏孩子"的批评同在的。这就使得坏孩子不愿意与好孩子在一起，因为与好孩子在一起是"不安全"的，这种"不安全"是他们心理上的恐慌：第一，自己可能成为好孩子的反面比较对象，与好孩子越近，自己与好孩子的差距就会越明显，自己会遭受精神上的打击；第二，自己与好孩子相比，可能就是一个"不好的孩子"，因为任何人都不想和坏孩子在一起，所以自己可能随时被好孩子拒绝，这样，友谊就不稳定。因此，坏孩子就不喜欢与好孩子在一起。在现实中，我们也不难看到，成绩好的孩子往往都是独来独往的。

一个孩子要是成绩平平，他就不会得到老师的关注，他又不敢接近好孩子，如果他的身边没有相同认同感的孩子，他就会感到很孤独。孩子的心是非常脆弱的，在这种情况下，孩子就会惧怕上课回答问题、惧怕考试，但在父母的要求下，孩子只能勉强待在学校里了。正是这种脆弱的情感，加强了孩子在学校的不安全感。

坏孩子在其他孩子中间的影响力是很大的，因为很多孩子都会受到他们的威胁，或者他们的敲诈勒索等。这时，许多孩子就会产生恐惧心理，但这种惧怕心理不仅仅来源于潜在的被敲诈的危险，更多的是坏孩子创造的"险恶环境"给他们带来的压力：打架、捉弄人、偷拿别人的东西……孩子在这种环境中就会感到很不安全。为了改善这种局面，孩子往往会有两种选择：一是靠近拉帮结伙的坏孩子，与他们建立良好的关系，这样自己就感到安全了；二是自己拉帮派，拉一帮有共同遭遇的孩子建立属于自己的小集团，使自己有保护自己的能力。这样，我们看到的就是孩子在拉帮结伙的现象。

也许有人会问，好孩子为什么在学校不用拉帮结伙就能感到自己是安全的呢？原因就是好孩子能得到老师更多的关爱，他们更容易得到同学们的尊敬。因此，在学校时，好孩子的心里是踏实的，他们没有必要在拉帮结派的孩子中寻求心理支持。

小伟原本是个老实的孩子，他从小不太爱说话，学习成绩一般。爸爸妈妈有心想给他补补课，但是小伟根本就没有补课的心思。小伟的爸爸比较开明，觉得既然儿子不愿意学习就先不要逼他学了，现在小伟还在上小学，也许等他长大了，上了中学以后他自己就知道学了。于是，爸爸也就随着他了。

但是，最近妈妈发现小伟上学的积极性高了很多，以前小伟经常要妈妈喊好几遍才磨磨蹭蹭地去上学，现在他还经常催着妈妈赶紧送自己去上学呢，而且在家的时候妈妈也感觉小伟开朗了很多，好像有自信了。妈妈虽然感到奇怪，但是觉得孩子这样也挺好的，就没有多在意。

后来，小伟的一个同学的父母在接孩子的时候，跟小伟的妈妈说："以后你们可要注意一点儿，多管教一下孩子，他这样整天拉帮结伙欺负别人可不好。"原来，小伟欺负别的同学了。妈妈觉得不可思议，小伟从小就有些内向，他怎么可能会欺负别人呢？后来，妈妈也找班主任去了解情况，原来小伟的变化是因为他加入了一个小团伙，从此他做事就有底气了，小伟不

孩子拉帮结伙的原因

1 来自孩子之间

因为"坏孩子"能体现出自己的优势，让其感到自己不再是一无是处了。

2 对老师的叛逆情绪

老师常常对表现不好的学生进行批评，这样容易激起孩子的逆反心理，他们从而通过搞破坏来报复老师。

3 孩子的虚荣心所驱使

虚荣的孩子喜欢在别人面前耀武扬威，把欺负弱小看成是自己的荣誉。

光自信起来了，还学会了欺负人，他简直成了一个坏孩子。

像小伟这样在学校里拉帮结派，在其他孩子眼中这是一种强势的表现，他们在其他孩子面前就会整日趾高气扬的。这种唯我独尊的架势使这样一群孩子在心理上得到很强的满足感，这种满足感使孩子沉迷于帮派中不能自拔。

拉帮结派的孩子基本上都像小伟一样，他们在生活中得到最多的是批评，这些批评充斥着孩子的生活。心理学研究表明，对孩子优点的肯定与赞美，可以使孩子获得心理上的满足，从而使孩子产生放松、愉悦的心理状态。而如果在面对孩子时只有批评，这样的孩子就总是处于一种贬低的教育中，在自信心丧失殆尽的同时，孩子又非常渴望得到成功的体验，这种体验是来自多方面的，当然也包括拉帮结派给自己带来的满足感。

孩子脆弱的心灵需要成就感来满足，但现实中，学习的失败使他们的心理没有得到任何满足，于是在校园里"模拟江湖"便成了他们最爱玩的游戏，他们可以成群结队地在学校里任意妄为，这让他们忘记了考试、忘记了竞争、忘记了学习和生活带来的压力，忘记了老师和同学的责骂和鄙视。他们在拉帮结派中还能体验到成功的喜悦，他们在同学面前表现出的强大气势淡化了他们在学业上的失败感。正因为如此，孩子才更容易和坏孩子在一起拉帮结派。不是因为孩子不求上进或自甘堕落，是因为孩子缺乏安全感和成就感。

所以，父母在抱怨孩子之前，首先应该给孩子足够的关爱，给孩子更多的鼓励，而不是一味地批评孩子，要让孩子有一个安全的心理环境，让他们体会到父母对他们的关爱，这才是改变孩子拉帮结派的有效方法。